Desenvolva as suas formas de relacionamento ➡

Transmita humor e sabedoria às suas relações ➡

Aprenda a criar e a desenvolver empatias ➡

írito
Negócios

Wood

Comunicar
com Sucesso

Actual Editora
Conjuntura Actual Editora, Lda.

Missão

Editar livros no domínio da gestão e economia e tornar-se uma editora
de referência nestas áreas. Ser reconhecida pela sua qualidade técnica,
actualidade e relevância de conteúdos, imagem e *design* inovador.

Visão

Apostar na facilidade e compreensão de conceitos e ideias
que contribuam para informar e formar estudantes, professores, gestores
e todos os interessados, para que através do seu contributo participem
na melhoria da sociedade e gestão das empresas em Portugal
e nos países de língua oficial portuguesa.

Estímulos

Encontrar novas edições interessantes e **actuais** para as necessidades
e expectativas dos leitores das áreas de economia e de gestão.
Investir na qualidade das traduções técnicas. Adequar o preço
às necessidades do mercado. Oferecer um *design* de excelência
e contemporâneo. Apresentar uma leitura fácil através de uma
paginação estudada. Facilitar o acesso ao livro, por intermédio
de vendas especiais, *website*, *marketing*, etc.
Transformar um livro técnico num produto atractivo.
Produzir um livro acessível e que, pelas suas características,
seja **actual** e inovador no mercado.

Comunicar com Sucesso

Perry Wood

www.actualeditora.com
Lisboa — Portugal

Actual Editora
Conjuntura Actual Editora, Lda
Caixa Postal 180
Rua Correia Teles, 28
1350-100 Lisboa
Portugal

TEL: (+351) 21 387 90 67
FAX: (+351) 21 387 14 91

Website: www.actualeditora.com

Título original: Secrets of the People Whisperer
Copyright © 2004 de Perry Wood
Edição original publicada por Rider – Ebury Press – Random House UK

1.ª edição – Março 2006
2.ª edição – Outubro 2007
Todos os direitos para a publicação desta obra em Portugal reservados
por Conjuntura Actual Editora, Lda.
Tradução: Raquel Fidalgo
Revisão: Sofia Ramos
Copy Desk: Maria Ferreira
Design da capa: Engage, Itália
Paginação: Ana Soares
Gráfica: Guide - Artes Gráficas, Lda.
Depósito legal: 266224/07
ISBN: 972-99720-6-0

Nenhuma parte deste livro pode ser utilizada ou reproduzida, no todo ou em parte, por qualquer processo mecânico, fotográfico, electrónico ou de gravação, ou qualquer outra forma copiada, para uso público ou privado (além do uso legal como breve citação em artigos e críticas) sem autorização prévia por escrito da Conjuntura Actual Editora. Este livro não pode ser emprestado, revendido, alugado ou estar disponível em qualquer forma comercial que não seja o seu actual formato sem o consentimento da sua editora.

Vendas especiais:
O presente livro está disponível com descontos especiais para compras de maior volume para grupos empresariais, associações, universidades, escolas de formação e outras entidades interessadas. Edições especiais, incluindo capa personalizada para grupos empresariais, podem ser encomendadas à editora. Para mais informações contactar Conjuntura Actual Editora, Lda.

Índice

Agradecimentos	9
Prefácio Edição Portuguesa, por Perry Wood	10
Introdução	12

PARTE I: Comunicar Consigo Próprio — 17
- Primeiro poder: Ser quem realmente é — 19
- Segundo poder: Ouvir-se a si próprio — 31
- Terceiro poder: Confiar no seu corpo — 47

PARTE II: Comunicar com Sucesso — 59
- Quarto poder: Dar espaço — 61
- Quinto poder: Falar com mestria — 73
- Sexto poder: Criar relações gratificantes — 87
- Sétimo poder: Colocar-se no lugar dos outros — 109
- Oitavo poder: Manter fronteiras saudáveis — 121

PARTE III: Comunicar com o Universo — 147
- Nono poder: Conciliar trabalho, vida pessoal, sexo e dinheiro — 149
- Décimo poder: Partilhar o caminho para o sucesso — 167
- Décimo primeiro poder: Revelar o seu "poder" pessoal — 183
- Décimo segundo poder: Pergunte ao Universo — 201

Conclusão — 219

Glossário — 221

Dedicado à minha querida Esaya.
Deste-me tanto: nunca tinha experimentado tanta liberdade e alegria
até teres entrado na minha vida e partilhado essas dádivas comigo.
Deus abençoe a tua alma.

Agradecimentos

Sinceros agradecimentos à minha família, amigos e a todos quantos me dão o seu amor e apoio.

Os meus agradecimentos e respeito para com Judith Kendra, da editora Rider, pela sua visão, gentileza e profissionalismo na publicação deste livro e para todos os profissionais da Random House, que deram o seu contributo para tornar este livro uma realidade e para o dar a conhecer ao mundo.

Não há palavras para expressar os meus sentimentos ou admiração pela minha linda esposa Elaine, pelo seu amor, companheirismo e apoio.

Obrigado e amizade incondicional para com Tenor, por ter sido leal em todas as ocasiões.

Amizade e um obrigado para Monte (e o seu grupo de felizes seguidores) por dar um excelente exemplo sobre como ser um líder gentil, nobre e poderoso.

Obrigado a Andrew McFarlane e a todos da Leadchange: nunca poderia ter desejado melhores pessoas com quem trabalhar e para ter como parceiros. Obrigado também a Andrew por ser um modelo de integridade.

O meu amor e um agradecimento a Alison Winch e Margrit Coates, já falecidas, por serem os meus anjos-da-guarda.

Obrigado a todos os meus clientes e alunos de *coaching*: o *coaching* e a aprendizagem são caminhos de dois sentidos, o que significa que me ajudaram e ensinaram, pelo menos, tanto quanto vos ensinei a vós.

Obrigado a Kate Parkes pelos seus brilhantes rasgos de sabedoria no momento exacto em que necessitava deles.

Muito obrigado a todos os que desafiaram, foram difíceis, assustadoras ou impossíveis de lidar ao longo dos anos: vocês contribuíram mais para este livro do que qualquer outra pessoa!

Os meus agradecimentos para a "família" no Centro Mataji Yogananda, em Somerset, pelo vosso trabalho de trazer os benefícios da pura meditação e do Kriya Yoga a tantos, incluindo a mim próprio: é, realmente, impagável; obrigado!

Finalmente, obrigado a quem ler este livro e que, como resultado, comunicarem melhor nas suas vidas, transformem o mundo num lugar mais agradável para eles e para os outros.

Prefácio Edição Portuguesa

O que é que *Comunicar com Sucesso* quer dizer em Portugal e como é que isso se relaciona com os valores do País?

No mundo moderno, Portugal é uma das raras nações que ainda mantém a sua tradição equina. Quem tem um talento especial para comunicar com cavalos é, por vezes, denominado de *horse whisperers**.

As competências, qualidades e sensibilidades necessárias para se ser um tratador de cavalos eficiente são as mesmas que são exigidas para se ser um comunicador de sucesso. Claro que algumas das formas efectivas de comunicação são diferentes, mas os valores intrínsecos, os comportamentos e as crenças são os mesmos.

É provável que um País familiarizado com as técnicas de comunicação com cavalos seja também um País com talento na comunicação com pessoas.

A minha relação com Portugal surge da sua tradição no treino de cavalos, respeitada em todo o mundo. O meu primeiro mestre de equitação foi um coronel da escola de cavalaria de Mafra, que continuou os ensinamentos do mundialmente famoso treinador de cavalos, o falecido Nuno Oliveira, e que dedicou muito do seu tempo a ensinar-me a comunicar com os meus cavalos de forma tão subtil que era suposto montar com "ajudas invisíveis".

Continuei a aprender com os mestres portugueses e dediquei muitos anos a aperfeiçoar a arte clássica do treino de cavalos; monto diariamente e treino os meus cavalos em minha casa, segundo esta arte, no Sudoeste de Inglaterra. Em contrapartida, os meus cavalos treinam-me diariamente na arte da comunicação.

A relação e o amor por cavalos em Portugal fazem parte das pessoas, tal como as competências e qualidades necessárias para se ser um bom treinador de cavalos. As competências e qualidades pessoais exigidas permitem que a comunicação ocorra entre homem e cavalo de uma forma subtil. Por exemplo, para um homem e um cavalo entrarem numa arena de uma praça de touros e sobreviverem, é absolutamente essencial que o seu nível de comunicação, a capacidade de se ouvirem, de estarem totalmente alerta, de confiarem um no outro, de terem respeito mútuo e de responderem a todas as mudanças, esteja perfeitamente sintonizado.

---

* **N.T.** Encantadores de cavalos.

Pense na ligação e na comunicação incrível que tem de acontecer entre o homem e o cavalo na situação acima como se fosse uma metáfora e transfira as ideias para uma relação da sua vida...

Imagine o que seria possível se pudesse realmente criar o mesmo nível de ligação com os seus familiares, entes queridos, amigos ou colegas de trabalho: não seria incrível? Pense no seu casamento, tradição familiar, relações amorosas e a sua relação com Deus baseada em tão fantásticas formas de comunicação... e Portugal tem muita sorte em manter a sua tradição do bom treino de cavalos porque isso significa que tem um modelo para este elevado nível de comunicação, quaisquer que sejam as formas que assume.

Apesar de Portugal beneficiar da sua tradição e valores no treino de cavalos, também é um País comercial moderno a operar na economia global em rápida mudança. As competências de Comunicar com Sucesso são essenciais para o sucesso comercial no mercado mundial através de uma comunicação altamente qualificada com os clientes, colaboradores, parceiros de negócios, etc., ou seja a capacidade para ouvir e responder, momento a momento, no mundo contemporâneo dos negócios em permanente mudança. Tal como o cavaleiro e o cavalo devem comunicar com intensidade e responder a quaisquer circunstância em mudança na praça de touros para conseguirem sobreviver, também os negócios devem comunicar e responder eficazmente ao mercado global se quiserem sobreviver e ter sucesso.

Na minha vida no treino com cavalos, na minha experiência de *coach* e na minha vida espiritual, destilei os conhecimentos, os comportamentos, os valores e as qualidades pessoais necessárias na comunicação com cavalos e traduzi-os em comunicação com pessoas. Sei através da experiência pessoal que os portugueses rapidamente compreenderão, melhorarão e introduzirão os poderes de Comunicar com Sucesso nas suas vidas.

Perry Wood,
Janeiro de 2006

Introdução

Vou com o meu pai até à praia passar alguns dias. Tenho consciência de que está seriamente doente e que poderá não durar para além do Natal: estamos no final de Outubro. Temo este final, não por sermos muito chegados mas porque não somos muito próximos. Durante anos, nunca comunicámos realmente, a não ser de uma forma superficial. Pedi-lhe para vir comigo para podermos conversar. Gostaria de ficar em paz com ele; senti que tinha de conhecer vários assuntos antes de ele partir para sempre, e o tempo estava a esgotar-se. Normalmente, era a minha mãe que, na maior parte das vezes, fazia a conversa, enquanto o meu pai vivia silenciosamente no seu próprio mundo de reclusão: a ler um livro, a ver televisão ou a ouvir música com os seus headphones. Nas primeiras duas horas de viagem, fui perguntando a mim próprio se era uma boa ideia. A nossa conversa decorria no nível normal de superficialidade e questionei-me se conseguiríamos abordar algum dos temas que tinha em mente.

De repente, a conversa alterou-se: ele começou a falar e não parou durante dois dias. Disse-me coisas que queria saber, coisas que desconfiava e coisas que nunca me tinham passado pela cabeça. Revelou-me os motivos por que não queria ter filhos e por que acabou por tê-los. Contou-me como foi a sua infância e como foi ter tido os seus próprios filhos. Contou-me como viveu financeiramente. Contou-me o quanto amava a minha mãe. Contou-me o quanto me amava e ao meu irmão, e quão orgulhoso estava de nós. Falou de sexo. Contou-me o que é que receava, quais eram os seus medos e o que é que o feria mesmo após terem passado tantas décadas. Contou-me coisas que guardo no meu coração e que não posso partilhar com ninguém.

Ao libertar tudo o que guardou durante tanto tempo e ao comunicar de uma forma aberta e honesta, compreendi, finalmente, as suas atitudes e fiquei a conhecer-me melhor. Quando comunicou, libertou-me e espero que, de certa forma, se tenha "libertado" a ele próprio.

Depois desta viagem com o meu pai, comecei a pensar nas relações importantes da minha vida, passadas e actuais, e nas implicações da comunicação. Reflecti sobre o que nos comunicam em crianças, sobre como os meus pais comunicavam um com o outro e como perdi a ligação com o meu irmão. Percebi como, apesar de haver muito amor, o meu casamento passou por nove anos de raiva, frustração, a sentir-me mal-amado, solitário e incompreendido; e como tudo isto acabou por levar ao divórcio. Pensei em como o negócio que geri durante 12 anos, apesar de bem sucedido, representou uma luta crescente devido à forma como eu e o meu sócio comunicávamos um com o outro e com a equipa, fornecedores e clientes.

Parecia que tinha sido sempre brilhante a dizer o que era errado, a ferir os sentimentos mais profundos dos outros, a ser mal-interpretado, ou a entender mal o que alguém estava a dizer, mesmo não tendo intenção de o fazer.

Se a minha boca estivesse aberta, colocaria o meu pé sobre ela.
Se houvesse algo terrivelmente inapropriado para dizer, eu di-lo-ia.
Se existisse forma de aparentar ser totalmente insensível, descobri-la-ia.

Os dois dias com o meu pai foram a cristalização de um mistério, as respostas que procurava há 15 anos. O que procurava e que comecei a descobrir são as bases para Comunicar com Sucesso. Na verdade deveria mencionar "redescobrir", porque embora alguns dos métodos apresentados neste livro aparentarem ser totalmente novos, sempre existiram, apesar de se manterem "escondidos" de muitos de nós.

A comunicação, seja ela boa ou má, é determinante em todas as áreas das nossas vidas: nas relações pessoais, negócios, familiares e de amizade.

Já pensou como seria libertador tornar-se num comunicador de elevadas competências? Comunicadores de Sucesso? Como seria compreender realmente os outros e sermos compreendidos e vivermos com maior à-vontade, amor, divertimento e alegria?

> Tudo o que acontece comunica algo. Tudo o que pensamos, fazemos ou dizemos é comunicação – o que significa que transmite uma mensagem – e cada mensagem tem um efeito nas nossas vidas – para melhor ou para pior; mesmo o amor é uma forma de comunicação.

Isto levanta outro tipo de perguntas e oportunidades:

- Como é que comunica com o seu parceiro e entes queridos?
- O que é que comunica à sua volta?
- Que tipo de comunicação acontece no seu local de trabalho ou negócio?
- Se tem um líder espiritual ou Deus na sua vida, como comunica com eles e como é que ouve o que têm para comunicar consigo?
- Mais importante: como é que comunica consigo próprio?

As respostas a estas questões são a base de uma comunicação de sucesso; isso significa estar consciente do que você e os outros comunicam a vários níveis – mental, verbal, físico e espiritual – e estar apto para interagir com delicadeza, compreensão, talento, poder e subtileza.

A Comunicação de Sucesso funciona em todas as situações das nossas vidas: nas relações com entes queridos, no ambiente de trabalho e até em situações nas quais nós e os nossos inimigos nos encontramos. Alguns sempre conheceram as bases da Comunicação de Sucesso, porém, só agora, no século XXI, a "Era da Comunicação", com telemóveis, SMS, *e-mails*, Internet e todos os tipos de meios de comunicação, é que se reuniram de forma organizada.

Considero que tive muita sorte em ter tido a necessidade de melhorar as minhas competências de comunicação. Estava a "pedir" para as aprender e, como diz o ditado: "Quando o aluno está preparado, o professor aparece." E os meus professores apareceram.

Os meus professores principais comunicaram a um nível muito subtil. Eles refinaram as suas competências ao longo dos últimos 60 milhões de anos a um nível muito elevado e a sua própria sobrevivência depende disso. Eles não utilizam palavras e não julgam; eles são nobres, inteligentes e muito poderosos; eles possuem intenções verdadeiras, integridade e um sentido inato de justiça. Estes mestres são os cavalos.

Quando não comunica bem, poderá acabar por ter uma discussão ou alguém ficar furioso consigo. Quando erra com inúmeros animais arredios hipersensíveis, aprenderá! Passei vários anos a estudar alguns dos maiores mestres do hipismo. Trabalhei no treino e iniciação de cavalos jovens e desenvolvi formas de comunicar com estas criaturas magníficas. As minhas experiências culminaram na escrita de um livro pioneiro sobre a minha relação com os cavalos, com o objectivo de partilhar alguns dos meus conhecimentos.

À medida que a minha experiência com cavalos se tornou mais profissional, passei a dedicar muito tempo a estudar a "face" oculta onde os cavalos e as pessoas se encontram, ou seja: a ensinar as pessoas a melhorar a sua comunicação com os cavalos e, como efeito secundário acidental, a ajudar as pessoas a descobrir como comunicam consigo próprias e com os outros.

As minhas experiências de comunicação com os cavalos levaram-me a vê-los como um espelho: eles reflectem muito claramente o que lhes comunico. Entretanto, conclui que as pessoas fazem o mesmo: também reflectem o que lhes comunicamos apesar de poder ser difícil de ver isto porque a utilização de palavras, opiniões, rumores, máscaras sociais e preconceitos funcionam normalmente como disfarces.

As descobertas sobre a comunicação, que resultaram dos anos em que trabalhei com cavalos, conduziram-me acidentalmente a outro caminho. Dei por mim a organizar *workshops* sobre cavalos, a orientar casais nas suas relações e executivos de multinacionais nas suas competências de liderança e comunicação. O meu trabalho levou-me, se assim posso dizer, da comunicação com cavalos para a comunicação entre pessoas. Ambas requerem um elevado nível de autoconhecimento e de conhecimento dos outros, de forma a saber exactamente o que está a comunicar – mesmo que seja acidentalmente – e a ouvir verdadeiramente o que os outros estão a comunicar.

Durante o meu trabalho de *coaching* de executivos nas empresas e de particulares, apercebi-me gradualmente de como moldamos cada área das nossas vidas através da forma como comunicamos, connosco e com os outros. Esta comunicação é, normalmente automática ou tão subtil que não nos apercebemos e acabamos por não saber realmente o que estamos a comunicar. Este livro vai ajudá-lo a perceber como comunica e dotá-lo-á dos meios necessários para introduzir melhorias imediatas e profundas em cada interacção que tem.

Comunicar com Sucesso apresentar-lhe-á formas simples e incríveis de se relacionar, aos mais diversos níveis, com o seu verdadeiro "eu" e com os outros. Mostrar-lhe-á como compreender e ser compreendido; como ouvir verdadeiramente e dar aos outros espaço para que se possam exprimir sem receios ou preconceitos. Também o ajudará a pedir o que pretende – da parte do próprio Universo – e a ter a probabilidade de o conseguir (No contexto deste livro, "Universo" significa toda e qualquer coisa para além do seu corpo e dos seus pensamentos conscientes: poderá imaginá-lo como o seu "eu" mais elevado, o seu subconsciente, a sua envolvente, Deus ou qualquer outro elemento que, para si, faça sentido.). Através desta orientação, passará a conhecer melhor os outros e a si próprio, nos níveis físico, mental e energético; começará a ir além da personalidade e permitirá que o verdadeiro "ser" – seu e dos outros – se destaque. Em última instância, descobrirá como atribuir a melhor hipótese de sucesso a cada relação ou reunião que alguma vez teve.

Para conseguir retirar o máximo deste livro, sugiro que leia um capítulo de cada vez, de forma a reter a essência de cada poder da Comunicação de Sucesso, antes de passar para o seguinte.

Quando fizer uso dos poderes de uma Comunicação de Sucesso – em casa, no trabalho ou em lazer – não se trata de um presente meu para si, mas de um presente seu para si próprio e para os seus entes queridos. Em prol do amor e respeito por si próprio e pelas pessoas da sua vida, aconselho-o a dar e receber este presente e a aproveitar o tipo de experiências que merece.

O meu pressentimento sobre a doença do meu pai e do prazo até ao Natal estava certo. No "dia dos presentes" *, o seu estado de saúde piorou muito, agravado com uma dor no estômago. Foi imediatamente conduzido ao hospital, onde foi descoberto um tumor nos intestinos não diagnosticado previamente e, pior, que este tinha perfurado a membrana intestinal e provocado uma peritonite. Foi imediatamente operado e, milagrosamente, sobreviveu. Posteriormente, o cirurgião disse que se não o tivessem operado teria morrido no dia seguinte.

---

* **N.T.** Em Inglaterra, o dia dos presentes é celebrado (normalmente, nas empresas) a 26 ou 27 de Dezembro.

(parte I)
Comunicar Consigo Próprio

(1)
Primeiro poder: Ser quem realmente é

Neste capítulo irá aprender:

- a importância de se autoconhecer
- a influência de julgar os outros nas relações
- a sentir-se melhor por se conhecer

QUEM REALMENTE É?

Não tem de saber nada sobre cavalos para compreender o que lhe quero contar. Da mesma forma, poderá passar anos perto de cavalos e ter uma opinião completamente diferente da minha. Mas, por favor, continue a ler, de mente aberta, porque o que escrevi é totalmente verdade para mim e – a ser verdade – é muito provável que se enquadre na sua experiência de vida. Porque o que defendo em relação aos cavalos parece ser também verdade para as pessoas...

Durante os vários anos que trabalhei com esses animais, apercebi-me de algo belo e assustador: os cavalos são sempre eles próprios e, por isso, tal como as pessoas com a mente "totalmente aberta", podem identificar quando é que não estão a ser verdadeiros.

Este motivo é, simultaneamente, uma dádiva e, por vezes, um grande desafio. Pode dizer-se que os cavalos não respondem ao que pensamos que somos, mas ao que realmente somos; e que não respondem ao que pensamos que estamos a dizer, mas ao que estamos realmente a dizer.

Ao pé dos cavalos fingi ser valente e corajoso, duro, terno, um líder, empático, forte, determinado, confiante, calmo, suave, gentil e muitas outras coisas. Porém, como estava a disfarçar, os cavalos sabiam que não estava a ser verdadeiro. Houve momentos em que agi calmamente quando, de facto, estava extremamente assustado; houve momentos em que agi alegremente quando, de facto, estava irado de raiva com o comportamento do cavalo; e houve ainda momentos em que me esforcei por mostrar o meu lado radiante quando, de facto, era o meu lado escuro e sombrio que me conduzia. Apesar dos cavalos terem alguns comportamentos de reconhecimento do que estava a fingir ser, aquilo que eles realmente viam, e ao que respondiam, era ao meu verdadeiro estado interior.

É possível tocar um cavalo com a mão, mas também o pode fazer com o coração. É possível agir como um líder de cavalos, e ser um líder. É possível aparentar ser corajoso, meigo ou terno, e ser simultaneamente todas essas coisas. A verdade é que os cavalos sabem sempre a diferença entre o que aparenta ser e quem realmente é. Através de linguagem corporal, de comunicação mental e da criação de ligações de alma, os cavalos à minha volta aparentam conhecer quem realmente sou; como se fossem espelhos de quatro patas, vivos, que respiram. Por reflectirem as coisas de forma tão transparente, isso significa que sou obrigado a reconhecer as verdades sobre mim, incluindo as que desesperadamente finjo que não existem; verdades que não queria que os outros se apercebessem; e mesmo verdades que até escondo de mim próprio.

Sinais como a falta de paciência, confiança ou sinceridade, o excesso de ambição, medos, fúria, entre outros, revelam-se, de uma forma ou de outra,

1 | Ser quem realmente é (21)

com os cavalos. Não é totalmente negativo: quando estas características são realçadas, é-lhes dada a hipótese de serem reconhecidas, aceites e, talvez, emendadas.

> Ao conhecermos as nossas verdades, entendemos as nossas qualidades positivas, a luz, o brilho, a magnificência, a profundidade, o amor, o carinho e a essência infinita. Estranhamente, é comum na nossa sociedade ser-nos mais fácil reconhecer as características "negativas" do que as "positivas".

Apesar dos desafios levantados pelo reconhecimento de quem realmente somos – com defeitos e tudo –, isso também nos dá uma grande sensação de alívio, alegria e prazer. É necessário despender energia e esforço para sermos quem não somos, porém, é tão usual para nós fazê-lo que, quando ultrapassamos os primeiros anos da infância, já nos parece ser normal. Felizmente, há criaturas, como os cavalos, que nos podem fazer recuperar aquilo que realmente somos. Claro que pode resultar perto dos cavalos, mas não deve ir além dos níveis superficiais. Pode fazer dos cavalos os seus servos, obrigá-los a ganhar competições, fazê-los correr até cair, dizer que são estúpidos ou que lhes falta inteligência, como a conhecemos, mas poderá estar a perder uma das maiores oportunidades de se libertar do que a vida tem para lhe oferecer: uma oportunidade de ser quem realmente é.

Estar com cavalos não é a única forma de nos tornarmos no que realmente somos; os outros também nos podem ajudar nesta descoberta, apesar de as formas como se apresentam serem mais complexas ou "camufladas". Em última instância, tudo e todos nas nossas vidas podem ser vistos como um reflexo do que realmente somos: seres ternos, divertidos, curiosos, loucos, num Universo de inesgotáveis maravilhas.

Quem comunica com sucesso sabe que tem vários "poderes" – físico, mental, emocional e espiritual – que interagem com os outros em todos estes níveis nas suas relações e comunicação. Para fazê-lo, é necessário que comuniquem quem são realmente.

Em cada relação ou comunicação existe sempre um participante: você. Independentemente de quanto tempo passa com o seu parceiro, entes queridos, família, amigos ou colegas de trabalho, há sempre alguém com quem passará mais tempo do que com qualquer uma das outras: você. Não é muito fácil conhecer *realmente* bem uma pessoa quando a pessoa que é *realmente* difícil de conhecer é você.

Por isso, a primeira questão é: como é que descobre quem é realmente?

Coloquemos outra pergunta: quem é que *não* é? Não é qualquer um dos outros seis mil milhões de humanos no planeta... Isso significa que você é único. Uau! Pense nisto por um momento: Não há mais ninguém entre esses inacreditáveis seis mil milhões de pessoas com as suas impressões digitais, os seus olhos, os seus dentes, o seu corpo, a sua personalidade, as suas experiências ou os seus pensamentos. Isso significa que você é absolutamente incrível. Na imensidão do tempo e do espaço, a partir do Big Bang* até à eternidade, passando pela infinidade do Universo, ninguém será você – excepto *você*. É importante! Faz de si alguém especial, para além das palavras.

Quem mais é que você *não* é? Não é os hábitos, os comportamentos, as características ou convicções que adoptou dos outros. Algo que tenta fazer para ter aprovação de alguém também não é você! Você é "você"; um ser único, perfeito e poderoso. Quando parar de tentar fazer algo por que pensa que "deve", então será extraordinário.

O que gostaria de fazer com a sua vida única e extraordinária? Gerará amor ou ódio; beleza ou confusão? O que gostaria de transmitir? Quem gostaria de influenciar de determinada forma? Qual é a diferença que pretende realmente fazer?

É importante perceber que, por mais pequena que a sua contribuição possa ser para si, o Universo saberá; aperceber-se-á do que tem feito, está a fazer e fará enquanto estiver aqui nesta vida. A sua contribuição faz a diferença: é impossível ser de outra forma.

Então, quem é exactamente? O seu corpo, a sua mente? Tornou-se um ser humano quando foi concebido ou quando nasceu? Existia sob qualquer forma antes de ser concebido? Parte de si é o seu corpo, parte de si é a sua mente: mas se o seu corpo for apenas um fato que tem vestido até passar de moda, ou um disfarce que tem vestido para um papel numa peça de teatro e que quando a actuação terminar o despe de novo? A sua mente, "personalidade" ou auto-identidade são papéis que assume num tipo de produção teatral? Quando esta actuação termina, parará de fingir ser a "pessoa" que pensa que é e voltará a ser o seu verdadeiro "eu"...

---

* **N.T.** Big Bang consiste numa teoria astronómica, segundo a qual o Universo teve origem numa grande explosão de massa de hidrogénio.

E se a sua mente fosse um "computador completamente vazio" quando nasceu, mas que outros têm vindo a encher de "coisas" desde que foi "configurado". De tal forma, que está tão entupida de "lixo" digital (*spam*), programas velhos e ficheiros apagados, que não sabe de quantos *bits* precisa e de quantos não precisa. Por vezes, bloqueia, sem qualquer razão aparente!

Na verdade, o nosso corpo é uma máquina surpreendente e grande parte do que é programado nas nossas mentes é incrivelmente útil.

Se o nosso corpo usa fatos temporariamente e a nossa mente é, por vezes, um computador rebelde, que mais há que nos torne quem realmente somos? Que outras partes existem quando o seu corpo está imóvel e quando os pensamentos param? Provavelmente, o seu corpo mudou ao longo do tempo (sei que o meu mudou!) e a sua mente está em constante desenvolvimento, a ser alimentada com nova informação, por isso, o que há de constante em si? Algures no seu interior, sente-se como a pessoa que sempre foi; a mesma que era enquanto criança? Quando comunica consigo próprio, sente, por vezes, que existe essa pessoa imutável dentro de si?

No caso de estar a perguntar a si próprio como tudo isto se relaciona com *Comunicar com Sucesso*, a resposta é: quando está a ser quem realmente é, tudo flui, incluindo a sua comunicação.

Quando está a ser quem realmente é, os outros podem relacionar-se com o seu verdadeiro "eu", em vez de com uma máscara, um actor, uma fachada ou um fantasma. Como veremos em capítulos posteriores, grande parte da nossa comunicação ocorre a um nível muito subtil, para além do corpo e da mente.

O seu "verdadeiro eu" para além do corpo e da mente

Muitos defendem que existe uma alma, espírito, campos de energia, subconsciente ou de outros conceitos para definir aquela parte de si que não é o seu corpo nem a sua mente. Outros negam a sua existência porque, argumentam, "não o podemos ver, medir ou provar que existe". Definir a alma em palavras, ideias ou pensamentos parece ser praticamente impossível, mas isso acontece porque está para além do seu corpo e da mente.

Todos sabemos o que a frase "ponha alma nisso" significa; quando "põe alma" em alguma coisa, esta assume um poder que realmente toca os outros. Coloque alma, amor e o seu verdadeiro "eu" na sua comunicação com os outros e veja que coisas incríveis começam a acontecer.

Comunicadores com poder

Já reparou como alguns realmente o inspiram, não pelo que dizem ou fazem, nem pelo seu aspecto (mesmo que possa ser muito interessante!), mas apenas por serem eles próprios? Quando conhece alguém que está a ser quem realmente é, isso toca-o profundamente: a alma delas toca a sua. Têm uma influência que nos toca no mais íntimo: trazido para a luz do dia, reconhecido, libertado para conseguir fazer os milagres que os seus próprios recursos de amor podem fazer por si.

Numa relação ou quando comunicamos se estamos a ser quem realmente somos, todos quantos nos rodeiam têm igualmente a hipótese de ser quem realmente são: é nisto que consiste a mágica dos Comunicadores de Sucesso e do verdadeiro amor.

Quando trabalho com quem tem uma visão momentânea da infinidade cavernosa do seu verdadeiro "eu", ficam estupefactas, deliciadas e apreensivas quando se apercebem do seu verdadeiro potencial... Também cada um de nós tem esta imensidão e potencial; na verdade, cada um de nós é um potencial Comunicador de Sucesso.

Sugestões para Comunicar com Sucesso:

1. Olhe para a sua mão durante um ou dois minutos. Mexa os dedos, apanhe coisas, coce o seu nariz – espante-se! Os avanços da ciência nem chegaram perto de fazer o que você consegue sem esforço e com apenas uma mão! Observe-se a desempenhar tarefas complexas, como conduzir um carro ou fazer café de forma totalmente automática.

2. Diz-se que os olhos são as "janelas da alma". Aproxime-se de frente para um espelho e observe profundamente as pupilas dos seus olhos. Como é que se sente? Estupefacto, receoso, desconfortável, embaraçado, repleto de amor, encorajado, não sente nada? Mantenha-se aí durante algum tempo e sinta o que quer que seja. Nota que olha mais para um olho do que para o outro? Tem necessidade de desviar o olhar? Sente que observa cada vez melhor o interior das pupilas? Como é quando olha profundamente para o interior dos seus próprios olhos em momentos em que está aborrecido com alguém ou com alguma coisa? Como é quando observa profundamente os olhos de outra pessoa (com a permis-

1 | Ser quem realmente é (25)

são dela) e vê a alma dela, despreocupadamente e sem fazer juízos de valor, através das pupilas dos seus olhos.

3. Dirija-se a algum local repleto de actividade, cheio de gente e dedique algum tempo a observá-las. Admire a enorme diversidade que existe: veja como ninguém é exactamente igual a si; veja como cada um tem a sua presença única.

4. Concentre a sua atenção em si próprio e entre em contacto com o seu "eu" imutável, que sempre foi igual desde as suas memórias mais antigas.

5. Observe o seu corpo - como é que se sente em relação a ele. Pense em como vai viver o seu corpo ao longo de uma semana normal: andar, comer, sentar-se, exprimir-se, abrir portas, levantar coisas, rir, praticar sexo, escrever, assoar o nariz, comer, beber, brincar, abraçar, cheirar, tocar, sentir dor, falar e ouvir.

6. Admire o quanto a sua mente é útil e brilhante: veja como consegue planear o futuro, lembrar-se de pormenores, orientar o seu corpo, analisar as situações, resolver problemas, criar problemas, tomar decisões, manter conversações e muitas mais coisas demasiado numerosas para poderem ser mencionadas.

Julgamento

Uma das principais formas de sabotar as nossas relações e não sermos quem realmente somos é fazermos juízos de valor. Passamos tanto tempo a julgarmo-nos e aos outros à nossa volta, que quase se torna normal e nem percebemos de que o fazemos.

Julgamos o nosso comportamento, o nosso desempenho, a nossa aparência, as nossas experiências, as nossas respostas e capacidades em tudo o que fazemos; e julgamos os outros da mesma forma.

Julgar é um vício social. Leia os jornais e verá julgamento, julgamento e julgamento. Oiça os outros a falar sobre eles próprios e dos outros: novamente "julgamento". Aja como uma "mosca na parede" em praticamente todas as casas, locais de trabalho ou bares do mundo e ouvirá conversas que incluem julgamento.

O julgamento cria um círculo vicioso: se sempre que faz algo é julgado por isso, então torna-se menos disposto a agir, a assumir riscos, a ser criativo, ou a ser você próprio porque pensa que poderá ser julgado de novo – o que acabará por acontecer; por si próprio, senão pelos outros! Ao rever constantemente os erros e insuficiências, reais ou imaginárias, pode acabar por ficar encurralado numa vida de limitação, o que significa que deixa de ser quem realmente é, na esperança de evitar ser julgado.

> Quem alcança o sucesso não se julga ou se condena como resultado dos fracassos; simplesmente, segue em frente.

Julgar os outros

Na realidade, não tem de expressar verbalmente um julgamento em relação a alguém, já que a pessoa em causa acaba por notar: inconscientemente, sentem que a está a julgar. Quando julga alguém, mesmo que esteja a centenas de milhas de distância, esse julgamento acabará por, de alguma forma, encontrar o seu caminho para causar danos. Se sempre falou sobre os outros como se estivessem ao seu lado, como poderia alterar o que disse acerca deles?

Libertar-se do julgamento

Poderá libertar-se do julgamento aceitando-se a si próprio, aos outros e às situações tal qual elas são; nem boas, nem más; simplesmente como são. Poderá ser necessário um elevado nível de consciência para o fazer porque somos formados para julgar e "formatados" de uma forma crítica para encarar o mundo desde crianças. Claro que as coisas podem não ser ideais e que poderá ter o desejo de as mudar. Tudo bem, desde que seja feito sem as julgar como "boas" ou "más", de forma a trazer maior clareza para a acção.

Quando não julga os outros, eles são inexplicavelmente atraídos para si; gostam de passar tempo consigo porque sentem um tipo de liberdade na sua companhia que raramente é sentida. Esta é uma das formas mais poderosas, passivas ou belas de ser um bom comunicador. Pare de julgar! Simples!

> Quando comunica com os outros e não as julga, torna-se uma luz de atracção porque lhes permite a liberdade de se exprimirem e de serem quem realmente são: cria um "espaço seguro".

1 | Ser quem realmente é (27)

Sugestões para Comunicar com Sucesso:

1. Onde está a ler este livro? Há pessoas por perto? Se sim, olhe agora para elas (se não, pense em pessoas que conhece). O que pensa delas? Como pensa que são? Como sabe que isso é verdade? Que efeitos é que os seus pensamentos têm no seu comportamento em relação a elas? Pode olhar com total clareza, sem fazer qualquer julgamento?

2. Dê atenção à forma como se julga a si próprio, verbal ou intimamente. No princípio, pode ser muito difícil fazê-lo porque é tão habitual que já nem nos apercebemos. Pegue em alguns exemplos óbvios, tais como quando diz que é "bom" ou "mau" em algo. Comece a reparar no tipo de autocríticas que saem da sua boca; oiça as palavras que diz e a forma como as utiliza para se limitar a si próprio.

3. Observe como rotula e julga as coisas. Veja os outros a fazê-lo habitualmente e observe como isso interfere nas suas relações.

4. Experimente estar junto dos outros sem as julgar, nem mesmo em pensamento. Poderá ver-se a ficar mais quieto; é porque assim que paramos de julgar, mesmo num nível subtil, grande parte do que dizemos torna-se irrelevante.

Arriscar-se a ser "aberto"

Ser quem realmente é, exige que arrisque a ser "aberto". Isso significa estar aberto a coisas incríveis que a vida tem para oferecer, tais como a alegria, o amor, a beleza, o sucesso, o divertimento, o riso, mas também o sofrimento, a luta, o desgosto ou a perda... aparentemente, não consegue ter uns sem os outros.

Aproveitar a vida em pleno significa estar "aberto" ao que quer que os outros também tragam para a sua vida. Em termos gerais, toda a alegria que poderá ter, bem como alguns dos piores momentos da sua vida, estão relacionados com quem interage consigo na sua vida.

Estar "aberto" é uma estrada de dois sentidos: aberto a receber e a dar. Poderá estar aberto a compreender os sentimentos de outra pessoa e aberto a partilhar os seus próprios sentimentos. Poderá estar aberto a aceitar a realidade de outra pessoa e aberto a partilhar honestamente a sua realidade com mais alguém. Poderá estar aberto a novas experiências e estar aberto para mostrar novas experiências aos outros.

> Estar "aberto" a quem realmente somos significa, inevitavelmente, arriscar no desconhecido. Sem entrarmos no desconhecido, tudo o que podemos fazer é percorrer o mesmo círculo, seguir o mesmo caminho e ficar preso no mesmo sítio.

Normalmente, é só assumindo o risco que podemos ganhar e seguir em frente. Na realidade, é apenas o ego que teme ser magoado: o verdadeiro "eu", quem é na realidade, está imune à dor. É impossível a vida parar; provavelmente, seria mais fácil caminhar sobre água do que fazer a vida parar, porém, o receio de estar aberto à novidade leva-nos normalmente a tentá-lo.

Estar "aberto" significa sair da nossa zona de conforto habitual, baixar as nossas defesas ou largar as rotinas familiares seguras. Também implica ser totalmente honesto consigo próprio sobre o que realmente gosta e o que está a experimentar.

Estar "aberto"significa deixar de fingir ser alguém que não é. Que alívio é saber que está tudo bem em pensar aquilo que quer pensar e ser honesto em relação ao que sente sem se preocupar se é "aceitável" pensar ou sentir-se mal.

Sugestões para Comunicar com Sucesso:

1. Pense nas áreas onde receia estar "aberto", nomeadamente relações em casa e no trabalho. Agora, observe quem está "desarmado" nas áreas em que também receia estar. O que fazem, dizem, acreditam, etc., que é diferente de si e que lhes permite estarem abertas e seguras?

2. Pense em alguns dos seus momentos mais íntimos: há algo que o demova? O que é que diria ou faria se se atrevesse? Como é que poderia libertar-se de forma a exprimir o seu amor mais livremente?

3. Acredite que ficará tudo bem, que o seu verdadeiro "eu" não pode ser magoado, independentemente do grau de dificuldade aparente das coisas. Pense num momento difícil ou perigoso da sua vida e reconheça que sobreviveu para viver outro dia.

Poderá dizer que *ser quem realmente é* será o passo mais importante ao tornar-se um Comunicador de Sucesso porque, ao ser quem realmente é, a sua comunicação e as relações tornam-se "reais", abertas e honestas.

Quando não faz qualquer tipo de julgamento e simplesmente aceita os outros e a si próprio como realmente são, conquista mais ligações para a sua vida, o que significa que toda a sua comunicação e relações se transformam: consigo próprio, com os outros e com o Universo.

(2)
Segundo poder: Ouvir-se a si próprio

Neste capítulo irá aprender:

- a escutar os seus pensamentos
- a perceber a influência que os seus pensamentos têm nas suas acções
- a reconhecer receios e sentimentos de culpa

Ouvir os seus pensamentos

Estou a montar um cavalo que se recusa a seguir em frente. Quer voltar para trás e regressar a casa. Este comportamento está a tornar-se complicado porque para conseguir o que quer está a fazer manobras potencialmente perigosas para ele e para mim. Quanto mais inseguros e assustados ficam os meus pensamentos e emoções, mais o cavalo força os limites do que é seguro.

É como se conseguisse ouvir-me a pensar sobre a minha própria segurança pessoal, localizando uma fraqueza. De repente, algo muda em mim: por força de vontade, evito os pensamentos que me retiram poder à minha segurança e começo a pensar que "talvez hoje seja um bom dia para morrer. Se ambos cairmos e morrermos juntos, hoje não faz mal". Não se trata de fingir: neste momento, estou preparado para morrer. O cavalo percebe esta mudança e mostra que não nos pretende matar. Pondera sobre as suas acções e contém os movimentos bruscos. Volta a colocar as quatro patas no chão e segue em frente. Faço-lhe ver que é um grande cavalo e agradeço a Deus por ainda estar vivo.

Os cavalos passam grande parte do seu tempo com medo. Isto porque são presas e estão, instintivamente, programados para estarem alerta e em permanente procura de sinais de perigo vindos de predadores. Apesar de os seres humanos serem predadores, hoje em dia, e na nossa era, parece que também vivem grande parte do tempo com medo. Até passar a minha vida junto de cavalos, nunca me tinha apercebido de quão vivia em estado de medo ou do impacto que os meus sentimentos de receio, emoções e projecções tinham no que estava realmente a acontecer à minha volta. Como os cavalos são tão sensíveis a sinais subtis, variações de energia, emoções e linguagem corporal, eles aparentam possuir uma PES (percepção extra-sensorial).

Quando descobri que os cavalos eram assim, achei muito interessante, mas depois comecei a perceber que isso queria dizer que teria de estar totalmente consciente do que estava a pensar ou sentir. De facto, os cavalos captam tudo o que pensamos e sentimos. Canalizado de forma positiva, este facto pode criar momentos incríveis entre o homem e o animal, porém, quando os nossos pensamentos ou emoções são negativos (de medo, por exemplo), os cavalos também se apercebem deles.

Nos meus primeiros anos de relacionamento com cavalos, tive uma égua nervosa que tinha medo de tudo, desde um passarinho na cerca até a uma cor diferente de relva. Para ela, era um hábito e um jogo, mas,

2 | Ouvir-se a si próprio (33)

basicamente, vivia em permanente medo e adrenalina. Não levou muito tempo até me influenciar, de tal maneira que, enquanto a montava, sentia os receios do animal. A situação piorou tanto que precisava de ir à casa de banho cinco vezes antes de a montar porque estava constantemente a pensar no que poderia acontecer. Este estado de espírito tornou-se de tal forma um hábito que passei a ter pensamentos de medo em relação a todos os outros cavalos, que, por seu lado, começariam a aperceber-se do meu medo e a ter uma reacção em resposta.

Compreendi que o "problema" estava em mim; estava a criá-lo na minha cabeça e nas minhas emoções. Também me apercebi de que o medo bloqueava a nossa comunicação, por isso, enquanto entrávamos ambos em pânico em relação a perigos imaginários, perdíamos o sentido de parceria e não comunicávamos nada construtivo um com o outro.

Antes de dar conta dos meus pensamentos e da forma como estava a fomentar o receio, era como se estivesse impotente para fazer algo contra isso; os receios fugiriam comigo, quase como se o cavalo estivesse a agir contra mim. Consciente da origem do medo – ou seja, os meus pensamentos –, fui gradualmente capaz de concentrar a minha mente em algo mais útil e construtivo, tal como o enfoque em relaxar o meu corpo ou dar instruções mais precisas aos cavalos sobre como utilizam o seu corpo. Ao transmitir aos cavalos sinais mais positivos, as suas mentes e emoções são igualmente influenciadas de forma positiva.

Mais tarde, ao tentar comunicar e domar cavalos bravos que pretendia montar, foi essencial ter chegado às conclusões anteriores e ter ouvido os meus pensamentos e emoções para influenciar o comportamento dos cavalos. Ainda tenho a égua; é mais velha, mas ainda gosta de uma rápida fuga de um pardal ou de um melro. Hoje em dia, normalmente rio-me com ela e das suas pequenas brincadeiras.

Os Comunicadores de Sucesso escutam atentamente os seus próprios pensamentos e emoções; sabem que os seus pensamentos e emoções transparecem para o mundo sob a forma de discurso e acção, influenciando o seu próprio comportamento e afectando os outros à sua volta.

Mesmo que fale todo o dia com outras pessoas, o primeiro passo na comunicação acontece consigo, sob forma dos seus pensamentos. Os seus pensamentos geram as suas acções e reflectem-se na forma como comunica com os outros. Os pensamentos podem ser incrivelmente poderosos, maravilhosos e úteis; mas também podem ser muito limitativos, prejudiciais e destrutivos. É por isto que um dos primeiros passos para a comunicação de sucesso consiste em explorar a sua "conversação" interior, ou seja, o que está a pensar.

> Em todas as situações, a primeira comunicação que estabelece é consigo próprio. A forma como comunica consigo próprio determina todas as suas acções.

Como grande parte dos seus pensamentos não se expressa verbalmente, é fácil pensar que na realidade não existem e apenas acontecem num local totalmente secreto dentro do seu cérebro. Mas não é o caso. Mesmo ao nível puramente científico, os pensamentos existem realmente como impulsos electroquímicos.

É impossível ter um pensamento sem este ser comunicado ou reflectido de determinada forma. Até o nosso corpo nos "trai" por exteriorizar os nossos pensamentos para o Universo através de mensagens corporais subtis.

Se cada pensamento for comunicado para o exterior de determinada forma, talvez agora seja um bom momento para confirmar o que estamos a pensar... Sim, é um pouco assustador! E se o Universo ouve algumas das coisas rudes, cruéis, detestáveis, invejosas, desonestas, furiosas, gananciosas e perversas em que pensamos? Não se preocupe, todos o fazemos e, de qualquer forma, a maioria não deseja realmente mal a ninguém, mesmo para nós próprios! (Claro que à medida que tomamos maior consciência de que os nossos pensamentos estão a ser transmitidos pelo Universo, podemos optar por pensá-los com mais cautela).

Faça uma pausa para reflectir sobre o seguinte:

- Como descreveria a maioria dos seus pensamentos? São sinónimos de aceitação ou de crítica? Úteis ou inúteis? Transmitem confiança ou são limitativos? Inspiram ou consomem energia? São de amor ou de ódio? São restritivos ou permissivos?
- Qual é o efeito que os seus pensamentos têm na comunicação com os outros? Que efeito têm, por exemplo, nos seus entes queridos, nos seus colegas e mesmo na sua envolvente?
- Herdou a sua forma de pensar acerca do amor, do trabalho, do dinheiro, da vida ou do divertimento com alguém? Se sim, de quem? Essa forma de pensar tem sido útil ou prejudicial ao longo do tempo?

2 | Ouvir-se a si próprio (35)

- Que pensamento escolheria transmitir ao Universo? O que é que os seus pensamentos poderiam estar neste momento a dizer, ou a perguntar, ao Universo?

Quando escuta os seus pensamentos, em qual das duas colunas seguintes é que eles tendem a enquadrar-se?

Não consigo perder peso.	Talvez compre uma fábrica de chocolates.
Não posso fazer nada em relação a isso.	Vou tentar.
O trabalho é um aborrecimento.	O trabalho é óptimo. É um tempo para descansar das crianças
Estou sempre muito cansado para me divertir.	Vou sair de novo!
Ele faz-me sentir realmente inútil.	Ele tem necessidade de se afirmar.
Onde é que posso ir buscar esse dinheiro?	O dinheiro encontra-me sempre que preciso dele.
Ela é tão agressiva e rude.	Ela tem maus modos, coitada!
O meu traseiro parece tão grande.	Sou uma pintura viva de Renoir!
Gostaria de ser bom em algo.	Estou prestes a descobrir os meus reais talentos.
Sempre que o tento, é um desastre.	Aprendi bastante com os resultados.
Nunca conheci as pessoas certas.	Sou muito selectivo em relação aos amigos.
Comigo os negócios falham sempre.	Sou um empreendedor aventureiro; gostaria de investir nesta nova ideia brilhante que tive para uma empresa internacionalmente imbatível?

Uma reflexão profunda sobre os seus pensamentos é uma ferramenta eficaz e poderosa para os Comunicadores de Sucesso: não exige que altere o que está a pensar nem que diga a si próprio o que *deveria* estar a pensar.

Só por escutar os seus pensamentos à medida que acontecem, toma consciência de como está a comunicar consigo próprio e como esses pensamentos podem influenciar a sua vida. A partir do momento em que se ouve a si próprio e toma consciência dos seus pensamentos, estes tendem a perder grande parte da influência que exercem sobre si.

A História de Janet

Janet é uma médica muito boa que opera num serviço de cirurgia cansativo e exigente, mas nunca se apercebeu de como é que aquilo que dizia a si própria – o que dizia e pensava sobre si mesma – dificultava ainda mais a sua vida do que seria necessário. Grande parte das mensagens estava repleta de autocríticas sobre como "deveria" fazer isto ou aquilo, ou de como não era boa nisto ou naquilo.

Apesar de ser uma mulher de 35 anos muito atraente, inteligente e meiga, nunca tinha tido uma relação séria. Falava muito sobre o seu desejo de ter uma relação séria, mas, ao mesmo tempo, dizia que provavelmente nunca iria encontrar o homem dos seus sonhos. Mesmo que encontrasse, provavelmente não estaria interessado nela. A sua lógica era a seguinte: se ninguém a tinha querido até hoje, porque é que alguém a quereria agora ou no futuro?

Janet tinha poucos *hobbies*, mas era excelente em todos, o que era fantástico – excepto porque lhe deixava ainda menos tempo livre para parar e relaxar na sua já sobrelotada agenda. Tocava flauta em grupos de música amadores; pintava em aguarela; frequentava o ginásio e adorava remar. Mas até nos *hobbies* ela era dura para consigo própria: em vez de apreciar o que fazia como passatempo, ela criava expectativas elevadas para desempenhar os seus *hobbies* tão bem quanto um profissional.

Numa das nossas sessões de *coaching* disse-lhe que devia ser muito difícil viver a vida da Janet; talvez pelas coisas que pensava e dizia, e que ela própria não facilitava as coisas de forma a passar uns bons momentos, para além de que colocava demasiada pressão sobre si mesma. Não pensei mais neste comentário até ela ter regressado de umas muito necessárias férias em França e me ter dito: "Enquanto estava fora, pensei sobre o que me disse e está certo, não é fácil ser eu e viver a minha vida; sou demasiado dura comigo."

Foi necessária uma semana de descanso, afastada da rotina, para conseguir-se ouvir a si mesma e perceber que realmente dificultava a sua vida. Como resultado desta revelação, parecia estar muito diferente, ficando muito mais consciente da forma como se autocriticava e exigia da sua pessoa. Até deixou de dizer "devo" a toda a hora, apesar de, por vezes, ainda escapar! A sua recente capacidade de se ouvir a si própria permitiu-lhe tomar decisões libertadoras acerca do tipo de vida que pretende seguir; sempre acompanhada por um novo sentido de alegria.

Sugestões para Comunicar com Sucesso:

1. Disponibilize tempo para se ouvir – aquilo que pensa e diz – tantas vezes quantas for necessário. Não tem de julgar, mudar, justificar, analisar ou responder; limite-se a ouvir com interesse objectivo na sua comunicação interior. Comece por fazê-lo em momentos calmos; com prática, será capaz de o fazer em situações exigentes, tais como durante uma conversa mais intensa com outro. Observe o que acontece.

2. Tente identificar a origem de alguns dos seus pensamentos. Quem lhe apresentou, pela primeira vez, determinada ideia ou forma de pensar? Escreva ou registe na sua mente quem poderá ter sido. Veja como se liberta de pensamentos limitativos a partir do momento em que sabe que não representam o verdadeiro "eu".

3. Comece a reparar nos padrões de pensamento limitativos das outras pessoas através do que dizem (mas resista à tentação de apontar os seus padrões autolimitativos, a não ser que elas lhe peçam). De que formas acaba por fazer o mesmo?

4. Identifique o tipo de padrões de pensamento construtivos das pessoas de sucesso, alegres e simpáticas através das afirmações positivas que fazem. Como é que isso o ajudará a copiá-las?

5. Tome nota da forma como a vida ou o universo parecem responder ao que quer que lhes comunique. Por exemplo, já alguma vez desejou mal a alguém só para bater com o dedo do pé, magoar a cabeça, cortar o dedo com a faca do pão ou qualquer outra manifestação de dor auto-infligida? Alguma vez se sentiu com sorte em relação a algo que acabou por correr mal? Alguma vez pensou como seria bom ter algo na sua vida e, algum tempo mais tarde, consegui-lo?

Controlar as Emoções

Quem comunica com sucesso aprecia a maravilhosa oferta das emoções e a sua capacidade de melhorar ou prejudicar a comunicação e as relações. Quem comunica com sucesso tem interesse em observar as suas próprias emoções, para se conhecerem melhor e terem mais sucesso nas relações com os outros.

Há uma enorme variedade de emoções que podemos experimentar enquanto seres humanos, que são, frequentemente, geradas por uma ou mais pessoas na nossa vida. Alguns indivíduos parecem ter a capacidade de estimular emoções mais fortes do que outras; é, geralmente, quem está mais perto que o consegue fazer. Algumas emoções são poderosas e intensas, algumas são suaves, outras são agradáveis e há ainda as que são decididamente desagradáveis! Grande parte do trabalho de se ouvir a si próprio consiste em ouvir as suas emoções.

Explorar as suas emoções...
- Quem decide a forma como se sente?
- Quem controla as suas emoções: você ou outra pessoa?
- Controla as suas emoções ou são elas que o controlam?
- As suas emoções alguma vez o deitaram abaixo?
- Gosta de sentir todas as emoções que sente?
- O quê ou quem faz com que sinta emoções fortes?
- Alguma vez as suas emoções interferiram na forma como vive as suas relações?
- Para ter uma vida mais preenchida, que emoções gostaria de sentir mais vezes?
- Para ter uma vida mais preenchida, que emoções gostaria de sentir menos vezes?

Se vivesse sozinho numa ilha deserta, talvez sentisse solidão, medo, desespero ou esperança de ser resgatado por um navio. Mas, ao viver em pleno no rebuliço da sociedade, relações, trabalho e o que está associado, poderá certamente sentir muitas outras coisas! E algumas delas podem desafiá-lo...

Ao longo de apenas um dia, poderá sentir amor pelo seu parceiro ou familiar, poderá sentir-se miseravelmente por ter de sair da cama, deprimido porque está a chover, satisfeito porque alguém lhe fez um elogio, furioso porque alguém o criticou, frustrado por estar parado no trânsito, encorajado por uma excelente música no rádio, feliz por ser recebido em casa com um sorriso... e a lista não pára! O mais extraordinário é que esta constante torrente de emoções passa desapercebida grande parte das vezes; você limita-se a viver com o constante barulho de fundo das emoções em permanente mudança dentro de si.

> Podemos ficar viciados em certas emoções e começar a procurá-las como se fossem uma espécie de droga.

Andar na montanha-russa

Quando a vida parece ser uma montanha-russa de emoções, ela poderá consumir uma grande quantidade de energia e fazer com que reaja aos outros de uma forma que prejudica as suas relações; poderá, porém, transformar a viagem na montanha-russa mais fácil através da simples observação das suas emoções.

Quando se apercebe de uma emoção assim que a sente, efectivamente muda o que está a acontecer consigo. Em vez de ser levado pela montanha--russa das emoções, encare-as como um observador atento, apesar de as sentir em simultâneo.

Por exemplo, se está furioso com alguém próximo, poderá estudar os seus sentimentos e pensar: "Humm, é interessante; vejam como estou tão fora de mim!" Ou talvez se possa sentir entusiasmado com alguém atraente que entra na sala; poderá sentir o ritmo da sua pulsação a aumentar e a sua cabeça a "andar à roda" e pensar: "Uau! Que sensação tão agradável que tenho quando estou perto desta pessoa...!"

A vida sem emoções pode ser muito aborrecida. A vida com demasiada emoção pode ser extenuante.

De quem são estas emoções?

Quase tudo na sua vida se relaciona com as outras pessoas, porém, isso não lhes dá (nem a si) o direito de escolher como é que os outros se devem sentir... provavelmente, não deixaria o seu vizinho escolher a cor do seu sofá (ou talvez sim...), nem um colega de trabalho escolher uma mulher para você se casar, porém, é bem possível que deixe outra pessoa escolher a forma como se sente! O mais impressionante é que todos o fazemos e todos pensamos que isso é normal!

Não lhe cabe a si decidir como é que os outros se sentem, nem a eles serem responsáveis pela forma como se sente. Poderá ser algo difícil de aceitar, especialmente se pensar que alguém de quem gosta o está a fazer sentir-se em baixo, solitário ou inútil, por exemplo.

As emoções podem motivar ou limitar

Algumas emoções são excelentes para motivar: os grandes oradores da história geraram fortes emoções nos seus seguidores em tempos de guerra, por exemplo. Poderá recorrer ao tipo de emoções que o entusiasmam para alcançar cada vez mais vantagens na sua vida, bem como torná-lo alguém mais inspirado e alguém de fácil relacionamento.

Nem todas as emoções ou reacções emotivas são úteis; algumas podem mesmo impedi-lo de ser quem realmente é; outras podem ainda impedi-lo de se relacionar com os outros como gostaria de o fazer.

- Que tipo de emoções o impedem de fazer aquilo que sonha?
- Como seria a sua vida se não sentisse essas emoções limitadoras?
- Conhece alguém que não tenha as mesmas emoções limitadoras?
- O que fazem em alternativa?
- Quem lhe transmitiu essas emoções pela primeira vez?
- O que é que preferia sentir?
- Pergunte a si próprio quem é que escolhe a forma como se sente?

Emoções regulares:

- Sente, habitualmente, algum tipo particular de emoção? Sente-se, normalmente, furioso, frustrado, receoso ou carente? Se isto lhe acontece, repare que tipo de padrões existe e o que é que gera a emoção habitual. Lembre-se de que o simples reconhecimento do padrão é o primeiro passo para se libertar dele.

- Como é que poderá beneficiar ou como é que poderá perder ao permitir a si próprio experimentar habitualmente certas emoções?

- Sempre que sente uma emoção, escute-a e observe-a, tal como se fosse um zoólogo a observar o comportamento de um animal através de binóculos. Dar conta de algo quando surge é uma forma de desbloquear a influência que tem sobre si.

Emoções extremas

Se as emoções extremas se misturam e confundem, é impossível ignorá-las. Todos sabemos que as emoções podem ser muito poderosas: podem fazer um homem morrer de amor; podem fazer as pessoas matar de raiva; podem transformar as nações em maníacos genocídios.

Há que assumir que quando estamos inundados de emoções, por estarmos apaixonados, ou cheios de raiva ou de alegria, ou ainda paralisados de medo, não temos qualquer hipótese de fingir que não é nada connosco!

Desde que não se magoe ninguém, é, por vezes, aconselhável permitir que as emoções extremas se revelem e sigam o seu curso, em vez de tentar contê-las. Se consegue observar as suas emoções ao mesmo tempo que as sente, então está realmente no caminho para se tornar um Comunicador de Sucesso:

Sugestões para Comunicar com Sucesso:

1. Observe o que sente!

2. Comece a ver o que lhe motiva determinados estados de espírito.

3. Tenha em mente que ninguém o pode fazer sentir de uma determinada forma sem lhe dar permissão para tal.

4. Observe quais as emoções que melhoram as suas relações. Quais o afastam desses relacionamentos. Quais as emoções particularmente agradáveis? Quais são as que o fortalecem ou quais são as potencialmente destrutivas?

5. Observe os outros e veja como as suas emoções simultaneamente melhoram ou pioram as suas relações.

6. Esteja atento às emoções extremamente negativas que o estão a deitar abaixo. Permita-lhes seguir o seu rumo de forma segura, mas continue a ver o que está a acontecer.

Medo e culpa

Os Comunicadores de Sucesso compreendem como é que as emoções fortes de medo e de culpa podem interferir no fluxo agradável da nossa comunicação. Podem existir pessoas que o fazem *sentir* medo e outras que o fazem *sentir-se* culpado.

Pior que isso: existem, provavelmente, pessoas na sua vida que *tentarão* fazê-lo sentir-se receoso ou culpado para proveito próprio, de forma a retirar-lhe energia ou para conquistar controlo ou poder sobre si.

Medo e culpa são duas formas de comunicar consigo próprio e que podem tornar a sua vida bastante desconfortável. Poderá não ser fácil, mas sempre que sente medo ou culpa tem a opção de permitir que o controlem ou não. Estamos a falar de um tipo de medo que não é psicológico – tal como o medo de ser comido por um leão se devido a qualquer circunstância bizarra se encontrar fechado na jaula do leão no jardim zoológico!

> O medo é um estado de ansiedade criado pela antecipação da dor: é possível que a dor nunca aconteça, mas, mesmo assim, magoamo-nos a nós próprios e gastamos a nossa energia por, psicologicamente, sentirmos medo da dor.

É comum termos medo que alguém nos magoe ou que reaja de uma forma que nós consideramos assustadora: infelizmente, os nossos medos interferem com o nosso comportamento e com a forma como agimos com as outras pessoas; eles podem impedir-nos de estabelecermos boas relações com elas.

É importante identificar o medo quando está presente: ao fazê-lo, está a apontar-lhe a luz. Esta poderá então mostrar-lhe o caminho a seguir.

Gerir o medo

Outra palavra para "gerir o medo" é "coragem". O medo não é sempre algo que possamos retirar das situações, porém, o que podemos fazer é descobrir formas de seguir em frente, independentemente do medo; e para isso é preciso coragem.

Se se sente receoso ou ansioso em relação a uma pessoa em particular – em encontrá-la ou em estabelecer qualquer tipo de interacção – aguarde e leve algum tempo a recompor-se internamente. Respire fundo e descubra o seu "centro pacífico" antes de agir.

Medo que bloqueia a comunicação

Quando chega o momento de comunicar com os outros, os nossos medos podem colocar-se no nosso caminho, impedindo-nos de dizer o que pensamos ou sentimos, ou o que tem de ser dito. Tememos a forma como a outra pessoa poderá reagir se dissermos o que queremos, por isso, em vez de o fazermos, recuamos. Por vezes, poderá ser inteligente fazê-lo, porém, noutras ocasiões, há que dizer as coisas em prol da verdade, da clareza e da abertura.

Normalmente, o nosso medo em relação à forma como a outra pessoa irá reagir é muito maior do que a sua reacção. Se deixar transparecer para os outros o facto de que está apenas a dizer o que sente e não necessariamente a emitir opiniões sobre eles, poderá ser-lhe mais fácil dizer o que pretende já que a pessoa com quem está a falar sabe que não está a ouvir uma crítica pessoal.

- O que teria feito na sua vida se o medo não o tivesse impedido?
- O que faria, ou diria, se o medo não o estivesse a impedir neste momento?
- O que faria com o resto da sua vida se não existisse medo?
- Alguma vez deixou de comunicar com quem ama por medo de dizer ou fazer a coisa errada?
- Alguma vez insinuou o que queria dizer a alguém em vez de o dizer de forma clara e directa (como se estivesse, simultaneamente, a tentar dizer e a esconder)?

Libertar-se da culpa

O poder que a culpa tem em dominar e controlar as pessoas já foi há muito reconhecido como uma arma útil por parte de algumas sociedades e religiões organizadas: normalmente, recorrem a ela não para controlar ou subjugar os inimigos mas para, de forma bizarra, assegurar o poder sobre os seus próprios seguidores.

A culpa foi criada pelas pessoas para controlar os outros. A natureza não sente culpa. Quando um leopardo mata uma zebra, quando uma baleia engole um cardume inteiro de peixes de uma só vez, quando um Inverno rigoroso dizima zonas rurais, até mesmo quando uma raposa mata todos os pássaros de uma gaiola apesar de apenas comer um, a natureza não lhes incute sentimentos de culpa, que os façam dizer: "Oh, sou tão mau." Simplesmente, segue em frente e continua a criar mais beleza e a gerar abundância.

Quem o faz sentir-se culpado?

A culpa é outra limitação à comunicação com nós próprios. Na verdade, é a única pessoa que se pode fazer sentir culpado – ninguém mais poderá fazer isso. Os outros podem dizer coisas na tentativa de gerar em si sentimentos de culpa, porém, não o podem fazer sentir-se efectivamente culpado, a não ser que o permita.

Se sente culpa em relação a coisas que disse, ou fez, talvez seja boa altura para dizer a si próprio que ninguém é perfeito e que todos dizemos e fazemos coisas que, por vezes, não são as ideais. Apesar de poder ser construtivo reconhecer quando é que fez algo pouco razoável, prejudicial ou impensado, não é construtivo estar permanentemente a recordá-lo e a "bater" em si próprio. Assim que permitir não sentir culpa, poderá ser mais difícil para os outros controlá-lo sempre que pressionam os seus "botões de culpa", uma vez que estes já não accionam qualquer reacção. Existem pessoas que pensam que deveriam sentir culpa em relação a si devido a coisas que lhe disseram ou fizeram? Se sim, na realidade esse seu pensamento não lhes causa qualquer mal, porém está a *prejudicá-lo a si próprio*.

Sugestões para Comunicar com Sucesso:

1. Explore os seus medos: pense em pessoas ou em situações nas quais sentiu medo no passado e que acabaram por correr bem.

2. Se existem pessoas de quem tem medo, tente colocar-se na situação delas e compreender o que os faz comportarem-se da tal forma que o assusta: será porque elas próprias estão aterrorizadas com algo?

3. Quando sente medo, aceite que ele existe e encare-o com um fascínio objectivo, tal como quando observa uma criatura da floresta a sair dos arbustos!

4. Escreva as coisas em relação às quais se sente culpado e durante quanto tempo pensa que é construtivo continuar a "bater" em si próprio por causa delas. Depois, junto a cada uma, escreva o benefício que tem em sentir-se culpado. E, agora, faça o mesmo que a natureza: deixe de lado a culpa e siga em frente para o próximo dia e para a próxima estação.

5. Torne-se um observador da forma como as outras pessoas utilizam o medo e/ou a culpa para o controlarem. Assim que perceber como é que isto acontece, tem nas suas mãos uma escolha consciente, ou seja, se deve ou não permitir-lhes continuar a controlá-lo através de medo e culpa, mesmo que você tenha tomado medidas drásticas de os retirar da sua vida ou de se retirar a si próprio da deles.

6. Faça uma lista com todas as pessoas que pensa que se devem sentir culpadas pelo que lhe fizeram. Se puder, pense numa razão positiva por que elas o poderão ter feito. Pense em algo que possa ter aprendido com a forma como o trataram. O comportamento passado delas apenas existe na sua memória. Mentalmente, agradeça-lhes, diga-lhes que as perdoa e que é hora de as libertar.

Neste segundo poder, explorámos a forma como pode ouvir-se a si próprio através dos seus pensamentos e sentimentos e vimos como as formas como comunica consigo próprio afectam toda a sua vida e, especialmente, as suas relações com os outros. Aprendemos que basta apercebermo-nos dos nossos pensamentos e sentimentos, sem tentarmos alterar nada, para aumentarmos as nossas competências como Comunicadores de Sucesso.

O terceiro poder aprofundará ainda mais esta análise recorrendo a um dos seus bens mais preciosos: o seu corpo.

(3)
Terceiro poder: Confiar no seu corpo

Neste capítulo irá aprender:

- a escutar as suas emoções
- a observar como as emoções se reflectem no seu corpo
- a controlar as suas posturas e emoções

Estava na pista de corridas com a "Arania", uma jovem égua espanhola. Trabalhei com ela no picadeiro até que existisse calma e confiança entre nós, tal como fiz com tantos cavalos jovens. No entanto, numa determinada altura, teria de me colocar no seu dorso. A decisão de como e quando montá-la pela primeira vez era tão importante para mim como para ela. Se o fizesse na altura errada ou de forma errada, poderia ficar com receio de ser montada durante muito tempo e eu poderia acabar por ficar seriamente ferido. Subir ao dorso de um cavalo pela primeira vez é contrário aos instintos de ambas as criaturas. O cavalo é uma presa, por isso, permitir que um predador, tal como o ser humano, o monte é semelhante a uma zebra permitir que um leão o faça. Mas o ser humano é igualmente vulnerável: abandonar o contacto com o chão significa arriscar a sua sobrevivência.

Comenta-se, correctamente, que a comunicação com os cavalos tem muito a ver com linguagem corporal; e os cavalos comunicam fundamentalmente com o seu corpo. Este facto é verdadeiro, mas, à medida que o meu trabalho com cavalos se aprofundou, apercebi-me de que o meu próprio corpo, tal como o corpo do cavalo, era uma fonte de muita informação e que não se limitava a movimentos físicos externos. Trabalhar com cavalos não montados mostrou-me que é o estado interno do organismo e do seu campo energético circundante que nos diz como é que os outros se sentem. Também nos revela a forma como nos sentimos e qual a atitude correcta que devemos seguir. O mais espantoso, em relação a esta constatação, é o facto de que se ouvir o meu corpo, este nunca mente.

Por isso, como é que poderia saber quando e como seria correcto montar a "Arania" pela primeira vez? A experiência ensinou-me que, se escutasse o meu corpo, poderia confiar que me iria "conduzir" para o que é certo. Se notasse que o meu coração estava a bater mais rapidamente do que é normal, as minhas pernas a tremer, ou a garganta seca, então, provavelmente, não seria o momento certo de montar o cavalo; ele aperceber-se-á do meu medo e também ficará receoso. Se, pelo contrário, o meu corpo se sentir totalmente em paz, por dentro e por fora, então provavelmente será boa altura para subir ao dorso do cavalo. Das inúmeras vezes que montei cavalos jovens pela primeira vez e que o meu corpo me transmitiu que estava tudo bem, as experiências foram pacíficas, sem *stress*, nem para mim nem para os cavalos. Quando o meu corpo me transmitiu que algo não estava bem, por uma razão ou por outra, e não ouvi, assustei os cavalos jovens e assumi as consequências de me ter magoado a mim mesmo.

Naquele dia em particular, o meu corpo e a minha respiração estavam calmos e tranquilos. Toquei no pescoço e no dorso da "Arania", onde me pretendia sentar. Ficou intrigada e observou-me pelo seu olho esquerdo. Subi e desci algumas vezes até me sentar sobre ela com ambas as pernas para o mesmo lado. Mexeu-se um pouco para reajustar o equilíbrio devido ao meu peso, que não lhe era familiar, mas não saiu do lugar. Lentamente, continuei a tocar-lhe no pescoço por mais ou menos um minuto e depois passei a minha perna direita sobre o seu dorso até me acomodar sobre esta bela égua pela primeira vez. Conseguia sentir a sua respiração lenta e o calor do seu corpo. Nessa posição confiávamos totalmente um no outro e estávamos totalmente vulneráveis. Toquei novamente no seu pescoço e olhei em frente por entre as suas orelhas, vendo o mundo de um local de onde ninguém tinha visto: do seu dorso. O nível de confiança mútua e a pureza do momento que partilhámos fez com que o meu peito quisesse explodir de alegria.

> Os Comunicadores de Sucesso sabem que o corpo é um dos nossos maiores aliados. Têm a consciência de que o corpo é uma manifestação integral e física de quem são e de que serve de guia.

O nosso corpo dá-nos um *feedback* constante sobre como nos sentimos, o que pensamos e sobre a forma como interagimos com a nossa envolvente e com quem nos rodeia. Infelizmente, nós apenas ouvimos realmente o nosso corpo quando nos começa a dar informação que não podemos ignorar, normalmente sob a forma de dores, doenças, explosões de alegria ou de excitação sexual. No resto do tempo, o nosso corpo está a fazer o seu melhor, tentando dizer-nos o que está a acontecer, mas raramente ouvimos.

> O seu corpo é uma parte do que é e está sempre a cuidar de si, sussurrando informação que o orientará, desde que seja capaz de o escutar.

O que lhe diz o seu corpo?

Confiar no seu corpo e ouvir os sussurros de informação que ele lhe transmite é um componente-chave da comunicação consigo próprio. Cada célula do seu corpo reflecte os seus pensamentos e emoções: é uma fonte fabulosa de informação sobre o que está a acontecer na sua vida e como se sente em relação a quem está à sua volta. O seu corpo, efectivamente, possui o registo de tudo o que pensou, sentiu ou experimentou.

O seu corpo dá-lhe *feedback* em cada interacção que tem com os outros. Esta informação pode ajudá-lo a descobrir o seu caminho na vida e a guiá-lo de forma a interagir com as pessoas certas, da forma certa, para seu próprio benefício e para benefício delas. A informação que o seu corpo lhe transmite pode funcionar como um sinal de aviso precoce, ajudando-o a evitar situações, pessoas ou relações que podem ser prejudiciais ou difíceis.

Tal como a pele de um camaleão, que muda de cor em resposta à sua envolvente, o seu corpo muda em resposta ao seu meio. Alguma vez notou como é que algumas pessoas o fazem sentir-se "desconfortável" e outras "confortável"? Este é apenas um exemplo do seu corpo a dar-lhe *feedback*. Outras vezes, o seu corpo dá-lhe *feedback* dizendo-lhe o tipo de comida que é certa para si ou qual o exercício apropriado.

O corpo não mente

Ao contrário das nossas mentes que nos podem mentir, o corpo responde de uma forma mais profunda e honesta. Por exemplo, poderá dizer a si mesmo que não se sente nervoso em relação a discutir um assunto em particular com determinada pessoa, mas o seu corpo saberá a verdade e fá-lo-á sentir volúvel, independentemente do que a sua mente lhe transmite. Poderá dizer a si próprio que não considera uma pessoa fisicamente atraente mas, se isso não for verdade, o seu corpo certamente o informará!

É importante saber que o seu corpo lhe está sempre a dar *feedback*, não apenas nas situações mais importantes. As reacções diferentes do seu corpo são, normalmente, muito subtis, porém, se estiver consciente dessas reacções, poderá utilizar a informação para conduzir a sua comunicação com os outros.

Estas são algumas formas como o nosso corpo nos pode dar *feedback*:

Quando nos sentimos ansiosos, inseguros ou defensivos, o nosso corpo tende a "fechar-se", cruzamos as pernas, contraímos ligeiramente o peito, afastamos os olhos da outra pessoa e cruzamos os braços em frente ao peito. Internamente, as nossas articulações e músculos podem contrair-se um pouco, o coração bate mais rapidamente, a respiração torna-se mais superficial e o estômago contrai-se.

3 | Confiar no seu corpo (51)

- Se estamos ansiosos ou nervosos com determinadas situações ou com alguém em particular, o estômago pode revolver-se, aumentar a tensão do corpo, pronto para lutar ou fugir, podemos sentir-nos mal dispostos, a garganta aperta-se ligeiramente, as nossas pernas podem tremer, os nossos olhos vagueiam ou aparentam estar mais juntos com um ar assustado e os intestinos podem sentir-se mais soltos (felizmente, não demasiado!).
- Sentir-se confortável com, ou amar, alguém faz com que todo o corpo se sinta mais à vontade. O estômago, músculos e articulações relaxam, o peito abre (segundo a tradição oriental, esta consiste na abertura chacra do coração), assumimos uma postura mais relaxada e amigável, libertamo-nos, ocupamos mais espaço e apresentamos uns olhos calmos.
- Sentir-se excitado ou muito divertido pode gerar a sensação de que o corpo está a expandir; a cara "abre-se" (literalmente, em sorrisos e gargalhadas), sentimo-nos mais leves e o nosso corpo move-se com maior liberdade e descontracção. Também podemos sentir o coração a bater mais rapidamente, mas numa forma aeróbica saudável, não provocando explosões hormonais, de luta ou fuga, nem de adrenalina.
- Se alguém o faz sentir-se sexualmente excitado, bem, felizmente já reparou no que o seu corpo sente nessa situação!

Três perguntas-chave:

- O que é que o meu corpo me está a dizer agora?
- O que é que o meu corpo está a dizer às outras pessoas agora?
- O que é que o corpo das outras pessoas me está a dizer?

Sintonize-se no seu corpo

Cada pensamento gera uma reacção no seu corpo. Para se aperceber, sente-se confortavelmente e sossegadamente com os seus olhos fechados e pense em alguém ou em algo que considerar realmente relaxante e calmo. Sinta como o seu corpo se acalma e relaxa, o coração abranda e o seu estômago descontrai. Agora, pense em alguém que tem de enfrentar e seja assustadora ou desafiante... o que acontece ao seu corpo? Muito provavelmente, começa a ficar tenso, sente um "nó" no estômago e o ritmo do coração acelera.

Identificar o que sente

Tal como no segundo poder dos Comunicadores de Sucesso (quando explorámos os pensamentos e as emoções), quando reparamos nas reacções do corpo e identificamos as mensagens, conseguiremos gerir melhor as situações.

Se der atenção ao seu corpo como se fosse um espectador interessado, tirará algum do poder à sua reacção. Ao prestar atenção e confiar no seu corpo, conquista maior controlo sobre as situações e, depois, terá a hipótese de escolher quando *responder ou reagir*.

Se o seu corpo tem de gritar consigo antes de você reparar nele, isso poderá piorar as situações, fazendo com que se sinta, por exemplo, mais tenso, furioso ou assustado.

Escute o seu corpo quando está com outras pessoas, ele dir-lhe-á muito acerca delas. Poderá dizer-lhe se estão a ser honestas, ou não.

A história de Fiona

Fiona adorava o seu novo emprego: não só gostava do que fazia mas também tinha a oportunidade de viver no campo. Podia manter o seu cavalo na sua quinta e era a primeira vez que estava numa situação tão feliz. Já nem tinha de ir para o trabalho, isto porque a casa do seu empregador, a melhor casa da área, era o centro do negócio. Tudo parecia perfeito.

Ao longo da sua vida, Fiona sofria de ataques de eczema e asma.

Quando a conheci, estava no seu novo emprego há cerca de três meses numa altura em que o eczema e a asma tinham reaparecido e piorado. Em pouco tempo, passou a sentir um permanente desconforto, o que a forçou a recorrer ao conselho de especialistas. Para além de seguir uma dieta muito rigorosa, foi-lhe prescrita uma receita para controlar os seus acessos de raiva, mas nada parecia resultar. Era mais do que coincidência o facto de as suas doenças se terem agravado tão significativamente desde que se mudou para uma nova casa e emprego, por isso, perguntei-lhe se o corpo não lhe estaria a tentar dizer alguma coisa.

Fiona é uma pessoa agradável, gentil e sensível, ao contrário do seu empregador, com quem, por vezes, era muito difícil lidar. Ele era um homem nervoso, controlador e, por vezes, discriminador, e que "explodia" face à mínima contrariedade, não se preocupando com o que dizia nem com quem era alvo do seu mau feitio. Depois de tolerar isto durante cerca de dois anos, Fiona começou a sentir-se saturada de ter de "sondar" diariamente o terreno deste campo minado por esta atmosfera de medo e intimidação, por isso, mudou de emprego.

Passados alguns dias depois de abandonar o seu antigo emprego e casa, Fiona teve uma recuperação quase milagrosa do eczema e da asma. Diz-se que o eczema é causado por uma irritação intensa e que a asma é provocada por coisas que são suprimidas e não ditas. Ambas as descrições se enquadram perfeitamente na situação de Fiona: temendo as reacções temperamentais do seu chefe, ela continha o que queria dizer e, como consequência, vivia num estado de permanente irritação. Se Fiona tivesse escutado o seu corpo mais cedo, poderia ter percebido que este lhe estava a tentar transmitir uma mensagem, dizendo-lhe que a situação em que se tinha colocado não era positiva e que se devia afastar. Durante quase dois anos, o corpo transmitiu-lhe que precisava de se ir embora e, felizmente, ela acabou por ouvir. Hoje em dia, Fiona menciona regularmente as mensagens que ignorou na altura e escuta atentamente o seu corpo em todos os momentos.

Sugestões para Comunicar com Sucesso:

1. Pare de ler por um momento e concentre a sua atenção no seu corpo. Comece pela sua cabeça: como é que o seu couro cabeludo, maxilar e língua se sentem? Agora, o seu pescoço, ombros, intestinos, coluna inferior, pernas e braços. Existem alguns pontos de tensão de que ainda não se tenha apercebido? Consegue libertá-los?

2. Sente-se confortavelmente e pense numa pessoa ou situação em relação à qual se sente ansioso ou receoso. Oiça o que o seu corpo lhe diz, só em relação ao facto de pensar na pessoa ou na situação. Repita este processo até conseguir que o seu corpo não reaja à pessoa ou à situação em causa.

3. Relaxe totalmente o seu corpo e depois pense, profundamente, sobre as várias pessoas na sua vida, uma de cada vez. Veja o que o seu corpo lhe diz em resposta aos pensamentos sobre diferentes pessoas.

4. Veja se consegue aperceber-se de todo o seu corpo como um elemento global. Pare um momento e esteja atento à sensação.

5. Da próxima vez que esteja a falar com alguém, esteja atento ao seu corpo no decorrer da conversa: analise-o para compreender o que está a fazer e a sentir.

Observe o seu corpo a falar

Para além de ser uma excelente fonte de informação, o seu corpo também tem um papel importante na comunicação com os outros. As opiniões variam, mas é normalmente aceite que menos de 50 por cento da comunicação ocorra através da comunicação verbal. Os Comunicadores de Sucesso estão conscientes das mensagens transmitidas através da linguagem corporal, deles e dos outros, e, dessa forma, "ouvem" muito mais do que apenas as palavras que são ditas.

O seu corpo, pensamentos e emoções estão todos intimamente relacionados. Da mesma forma que o seu corpo é influenciado pelos seus pensamentos e emoções, também pode alterar a situação e recorrer ao seu corpo para influenciar os seus pensamentos e emoções. Ao alterar o que faz com o seu corpo, é possível modificar o que sente e as suas emoções e, consequentemente, o que está a comunicar.

Se assumir uma postura dominante e poderosa com o seu corpo (tal como Arnold Schwarzenegger no filme *O Exterminador*), poderá sentir-se mais poderoso e confiante, mesmo que os outros se riam! Se assumir uma postura corporal tímida e fechada, sentir-se-á dessa forma. Se agitar os seus braços no ar, sorrir e dançar, é quase impossível sentir-se mal.

Infinitas formas de se expressar

A sua linguagem corporal influencia a natureza de qualquer comunicação que estabelece consigo próprio e com os outros. Assim que começa a ouvir e se apercebe do que o seu corpo está a comunicar, existem infinitas formas de utilizar a informação para se expressar.

Sugestões para Comunicar com Sucesso:

1. Para parecer relaxado, assuma uma postura corporal descontraída, aberta e concentre-se no relaxamento interior.

2. Para parecer determinado, assuma uma postura firme e sinta-se mais "sólido" por dentro e por fora.

3. Para parecer inofensivo, revele alguma suavidade no seu rosto e corpo, descanse uma perna e concentre-se no seu interior.

4. Para parecer completamente imparável, foque os seus olhos no horizonte, torne-se firme, mas não rígido por dentro e levante-se.

5. Para fazer transparecer um ar de amor e aceitação incondicional (muito útil em diversas situações), relaxe os músculos abdominais e respire lenta e gentilmente. Dê total atenção à outra pessoa, mantenha a sua mente e corpo sossegados e concentre-se no seu tronco.

Inicialmente pode parecer estranho aprender a utilizar o seu corpo e as suas posturas. Mas toda a linguagem corporal que já utiliza é aprendida; não nasce com ela. Uma prova disto é a forma como os adolescentes assumem diferentes formas de estar em pé e de andar enquanto passeiam com outros adolescentes na rua. O que era uma excelente postura e andar para uma criança não é "fixe" para um adolescente; eles têm de aprender a andar como a estrela de cinema ou como o *rapper* que está na moda.

O dicionário está repleto de palavras que raramente usamos. Da mesma forma, o nosso corpo é capaz de mostrar muitas expressões físicas que normalmente não utilizamos. Alargar o seu "vocabulário de linguagem corporal" é o mesmo que aprender a utilizar novas palavras: pronunciar novas palavras parece estranho até nós a integrarmos no nosso vocabulário de todos os dias e, no início, podemos, por vezes, utilizá-las no contexto errado (para divertimento dos outros).

O poder do seu corpo

A sua linguagem corporal exterior transmite mensagens para os outros, mas será o facto de o seu estado emocional interno corresponder à sua linguagem corporal exterior que pode fazer com que essas expressões se tornem realmente poderosas. Quando sente interiormente o mesmo que o seu corpo transmite para o exterior, a sua comunicação torna-se muito expressiva.

O seu corpo é mais poderoso quando está totalmente alinhado com os seus pensamentos, intenções e emoções. As suas acções tornam-se altamente eficazes e o seu corpo transforma-se numa ferramenta fantástica de expressão, de tal forma que pode transmitir pequenos sinais e obter grandes resultados. Acontece que, quando o seu corpo não está alinhado com o resto, mesmo quando empreender grande esforço nas suas acções com o seu corpo, elas terão um pequeno ou nenhum efeito.

"Alinhamento" significa que a sua mente, corpo e toda a intenção estão de acordo; todas estas partes de si pensam, desejam e acreditam exactamente no mesmo. O seu corpo torna-se, então, uma manifestação física, a ponta do iceberg, de todos esses recursos em acção. É desta forma que os grandes desportistas conseguem alcançar grandes resultados (aparte de terem corpos incrivelmente atléticos!); o seu corpo é fortalecido pela mente, intenções concentradas e energia interior e expressa-o com tal empenho que os resultados podem ser surpreendentes.

Poderá utilizar o mesmo tipo de "alinhamento" para ter momentos de calma incrível. O seu corpo transforma-se numa representação física de calma e de paz interior, de forma a parecer que é intocável. Isto poderá ter um efeito relaxante em situações tensas, quase como se o seu corpo fosse um extintor de incêndio, que acalma as chamas durante a interacção.

Quando fala "alinhado", o seu corpo suporta, naturalmente, a sua mensagem.

Observar os outros

Observar a linguagem corporal dos outros pode dar uma grande ajuda: conseguirá normalmente dizer como é que alguém se sente ou pensa através da observação da sua postura e linguagem corporal. Quando o corpo de alguém lhe diz como é que essa pessoa se sente, terá uma melhor ideia em relação ao que poderá ser a coisa certa a dizer-lhe naquele momento (ou se será mais inteligente ficar sossegado sem dizer nada).

Há muitas mensagens subtis que pode receber só por observar a linguagem corporal:

- Observe os olhos enquanto falam. Veja como mudam à medida que o que dizem também vai mudando. Os seus olhos brilham ou estão baços? Mexem ou estão fixos e capazes de olhar para si? Transmitem amor ou desconfiança?
- Diz-se que os olhos são as janelas da alma. Quando olha para dentro dos olhos de alguém, o que é que vê?
- A boca e o maxilar estão relaxados ou tensos? Abrem a boca e falam abertamente ou falam com a boca semi-serrada, como se as suas palavras não interessassem ou provavelmente não fossem verdadeiras? Quando sorriem, os olhos acompanham o sorriso ou não fazem transparecer grande coisa?

3 | Confiar no seu corpo (57)

- Observe como alguém se senta, levanta, anda, ou o que faz com a sua massa corporal... move-se de forma concentrada ou apologética, de forma nervosa ou confiante, calma ou agitada? A posição da cabeça e dos ombros parece leve e equilibrada ou pesada, parecendo que carrega o peso da vida? Os ombros parecem arredondados e fracos ou orgulhosos e fortes?
- Qual a velocidade dos movimentos? Debatem-se com as coisas e têm de se ajustar frequentemente ou revelam algum conforto e firmeza?

A aura

Poderíamos explorar a linguagem corporal exterior durante muito tempo, mas existe outro nível no qual podemos ouvir o corpo de outra pessoa: a presença subliminar e a energia que alguém transmite quando entra numa sala, a "atmosfera" que carrega consigo e à sua volta. Alguns identificam isso como "aura". Não sei dizer se as auras existem no sentido literal (nunca vi nenhuma, o que não significa que não existam!), mas, por muito céptico que se seja, todas as pessoas que conhece têm, definitivamente, um campo de energia diferente à sua volta.

Esta energia, sentimento, aura ou o que lhe queira chamar, é tangível e muitas das vezes é uma valiosa fonte de informação quando comunicamos com outras pessoas. Um bom comunicador mantém-se certamente aberto e confia no que o seu corpo lhe diz sobre a "aura" ou sobre o campo energético.

Sugestões para Comunicar com Sucesso:

1. Explore formas de apoiar a sua comunicação recorrendo a diferentes posturas do seu corpo, utilizando as sugestões deste capítulo. Por exemplo, pratique até conseguir ter uma presença física "maior" e mais destacada e, depois, até ter uma presença física "pequena", mais calma. Repare como as alterações na sua linguagem corporal afectam as suas emoções ou os níveis de confiança.

2. Comece a reparar na forma como anda, se levanta ou se senta. O que é que a sua postura diz sobre si? A sua linguagem corporal é fechada, aberta, receptiva ou intimidatória?

3. Preste atenção ao que os outros fazem com as suas expressões faciais, mãos e corpo enquanto falam consigo. Preste atenção ao que o seu rosto, mãos e corpo fazem quando fala com eles.

4. Levante-se e olhe para si num espelho onde se consiga ver todo. Que postura assume naturalmente? Se conhecer alguém com a sua postura, que tipo de pessoa acharia que era? "Jogue" com a variedade de formas com que se pode expressar através do seu corpo. Veja ao espelho como pequenas mudanças fazem uma diferença significativa no que está a ser exprimido.

5. Da próxima vez que estiver a falar com alguém, permita que o seu íntimo ou "aura" oiçam o íntimo da outra pessoa. Que tipo de experiência é que isso lhe dá?

Nos primeiros capítulos descobriu como comunica consigo próprio através dos seus pensamentos e emoções e por ser quem realmente é. Descobriu no grande aliado e fonte de informação que o seu corpo é e percebeu como é que os outros comunicam consigo das mais variadas formas. Nos próximos quatro poderes receberá pistas para desenvolver as suas relações e comunicação com os que lhes estão próximo.

(parte II)

Comunicar com Sucesso

(4)
Quarto poder:
Dar espaço

Neste capítulo irá aprender:

- a ouvir
- a escutar o que o seu corpo lhe quer transmitir
- a compreender o poder das palavras

Estou a montar um fantástico cavalo "Lipizzaner" pelos campos, pelo segundo dia consecutivo e a sentir-me satisfeito comigo mesmo pelo seu desempenho: ele está a ouvir-me e a passar à frente dos outros cavalos, algo que me foi dito que normalmente não faz.

Este cavalo tem muitos "problemas" e está pouco treinado. Antes de chegar até nós, conduzia uma carruagem pelas ruas. Um dia teve um acidente, deslizou por uma rua abaixo e caiu num canal com a carruagem virada ao contrário sobre ele. Em consequência desta e de outras experiências desagradáveis nos seus primeiros anos, era conhecido por ser muito nervoso e como um cavalo que não "ouvia" as indicações do cavaleiro.

Agora, estou a montar este impecavelmente bem comportado cavalo "Lipizzaner", aproveitando as imensas belas paisagens e o céu azul perfeito e a sentir-me bem com a forma como o meu treino com ele tem evoluído tão rapidamente. Também me pergunto porque é que as pessoas o consideravam instável.

Tudo isso se altera em menos de um instante e muito mais rapidamente do que poderia pensar: ele volta-se para trás e galopa em direcção a casa, o meu casaco desabotoado levanta-se como resultado deste movimento súbito, o que acaba por aumentar o seu pânico à medida que tenta fugir do "casaco-monstro" esvoaçante que sente tocar-lhe. Instintivamente e de repente deita-me ao chão para se libertar do meu casaco esvoaçante que ainda tenho vestido. Caí no chão e ele desaparece.

Coxeio com dificuldade até casa, desejando que o cavalo estivesse à espera à entrada do picadeiro, por onde se entra através de uma cerca para gado (uma espécie de grelha metálica colocada ao longo do caminho para parar os animais). Mas ele não estava lá. Na realidade, está dentro do estábulo onde me contaram que "aterrou" depois de saltar sobre a cerca em pânico.

Quando penso no que aconteceu, imagino como poderia ter antecipado e prevenido o incidente. A minha pergunta tem resposta numa observação de um dos meus colegas, que afirma que se questionou porque tinha saído com o cavalo, apesar de este parecer tão preocupado e desconfortável. Ai! Julgo que não estava realmente a ouvi-lo!

Depois de ter sofrido algumas quedas fortes de cavalos, comecei a perceber que a comunicação com eles consiste menos em obrigá-los a fazer coisas e mais em "ouvir" o que estão a transmitir através da sua linguagem corporal, acções, atitude, estado emocional e níveis de energia.

Parece que estar aberto a ouvir realmente o que um cavalo ou alguém está a sentir, é normalmente suficiente para construir uma parceria de sucesso ou para resolver um problema. Evita as quedas!

4 | Dar espaço   (63)

Os cavalos, tal como as pessoas, expressam-se constantemente, de uma forma ou de outra, mas, os seres humanos são frequentemente surpreendidos pelo comportamento aparentemente inesperado; isto apesar do facto de 99 em 100 vezes, o cavalo estar a comunicar um sinal de alarme há já algum tempo. Infelizmente, não estava a ouvir os sinais de alarme do cavalo até ele os expressar de forma potencialmente perigosa.

"Ouvir" os cavalos não tem, obviamente, nada a ver com ouvir alguém falar. Trata-se de "ouvir" com o seu corpo e estar totalmente aberto a qualquer tipo de *feedback*, emoções ou respostas que estão a ser transmitidas pelo cavalo. O mais fantástico é que esta forma de "ouvir" é algo que pode resultar quando se aplica às pessoas.

> Os Comunicadores de Sucesso estão conscientes a todos os níveis – mental, emocional e fisicamente. Esta consciência aplica-se a todas as formas de comunicação, especialmente na forma como ouvem. Eles sabem que a forma eficaz de comunicar é a oferta carinhosa de "dar espaço".

"Dar espaço" significa que ouve os outros estando totalmente presente; significa dar-lhes o seu coração, amor e total atenção. Isto dá-lhes todo "o espaço" de que necessitam para se exprimirem. Mantém-se calmo e gera tranquilidade à sua volta, permitindo aos outros exprimirem o que querem ou dizerem o que necessitam. Não analisa, julga ou tenta descobrir soluções. Quando "dá espaço" ouve verdadeiramente tudo, empenhando-se em pleno; isto significa que ouve a energia e a essência deles, bem como as palavras que utilizam.

"Dar espaço" tem a ver com a outra pessoa. Você está a dar-lhe amor e respeito ao estar presente em pleno e não tentar retirar qualquer espaço ao outro com o seu ego ou outras "confusões". Coloca de parte todas as suas próprias preocupações, ideias, expectativas, desejos e pensamentos durante todo o tempo em que está com a outra pessoa no "modo de ouvir".

> "Dar espaço" e dar atenção total a alguém, por dentro e por fora, é um dos melhores presentes que pode oferecer.

Questões para além da mente

Ao fazer perguntas enquanto "dá espaço", estas não têm origem na sua mente, mas na sua intuição. Não pensa na pergunta antes de a colocar; ela resulta, de certa forma, daquilo que o outro afirmou previamente.

Assim, sempre que fizer perguntas, elas serão sempre as correctas. Por vezes, quando "dá espaço", poderá mesmo fazer perguntas que até o irão surpreender.

As consequências de dar espaço:

- "Dar espaço" dá origem a todo o tipo de acontecimentos incríveis.

- "Dar espaço", simplesmente, permite expansão; "simplesmente" porque está a criar mais espaço.

- "Dar espaço" faz com que alguém se sinta totalmente seguro para explorar e dizer tudo o que quer sem medo da reacção; é quase como se o mantivesse dentro de uma bolha protectora onde só existe ele, você e o espaço que os rodeia a ambos. Estão protegidos de tudo o que está fora da "bolha" e tudo o que está dentro é totalmente livre de julgamentos e seguro.

- "Dar espaço" é a melhor forma de ouvir com elevada qualidade porque nada mais o ocupa, senão essa tarefa. É isto que faz com que esta forma de ouvir tenha tamanha qualidade.

- "Dar espaço" gera, normalmente, óptimas soluções ou aprendizagem a alguém, porém, de certa forma, você não teve de fazer nada. Limitou-se a estar totalmente presente: com o seu amor e um coração aberto.

O oposto de "dar espaço" é aquilo que fazemos grande parte do tempo; preenchemos cada fracção de tempo e de espaço nas nossas vidas com trabalho e com os nossos próprios assuntos: a falar, pensar, querer, insistir, desejar, etc. O tempo está sempre lá e seremos nós que decidimos como o preencher.

Sugestões para Comunicar com Sucesso:

1. Esforce-se regularmente por estar consciente do seu espaço: o espaço ocupado pelo seu corpo e o que está à sua volta. Tente estar em tranquilidade, interior e exterior.

2. Permita que os outros se exprimam enquanto lhes dá atenção total. Compreenda os seus pontos de vista e aceite o facto de essa realidade ser a deles, quer seja ou não diferente da sua.

3. Goze a energia de dois sentidos que acontece quando "dá espaço" a alguém. À medida que lhes dá espaço para se expandirem, inevitavelmente beneficiará desse facto, uma vez que é parte integrante do que está a acontecer.

Ouvir mesmo

Ouvir é uma das pedras fundadoras da comunicação e das relações de sucesso. Ouvir significa reter o que alguém está a dizer com todo o seu ser – corpo, mente e alma. Ouvir é um dos actos de amor mais evoluídos que pode existir e uma das formas mais poderosas de partilha que pode acontecer entre as pessoas.

Quando está realmente a ouvir outra pessoa, dá-lhes uma retribuição para além das palavras. Ouvir verdadeiramente dá às pessoas um espaço seguro, no qual se podem exprimir, ajuda-a encarar as coisas de um ponto de vista que nunca fizera anteriormente, ou a explorar áreas delas próprias e das suas vidas que nunca fizeram antes. Por vezes, apenas precisam de falar, de serem libertadas do que quer que lhes esteja a acontecer e, desta forma, ouvi-las verdadeiramente poderá ser como uma bênção dada pelo ouvinte a quem está a falar.

Quinze dicas para ouvir:

1. Assuma uma atitude de paciência infinita.
2. Não interrompa com comentários só para provar que está a ouvir.
3. Transmita amor permitindo que o outro assuma quem realmente é.
4. Não tente emendar as coisas pelos outros, apresentando soluções para os seus dilemas: só eles podem encontrar as soluções mais apropriadas. A sua capacidade de ouvir ajudá-los-á nesta descoberta.

5. Evite dar a sua opinião ou dizer a alguém *o que deve, ou não deve, ou deveria fazer*.
6. Mantenha a mente calma.
7. Nunca altere as palavras ou o significado das palavras proferidas por alguém.
8. Intuitivamente saiba qual é a pergunta certa a colocar ou a coisa certa a dizer.
9. Evite os sentimentos negativos que o opõem "emocionalmente" à outra pessoa.
10. Absorva mais do que é dito por simples palavras.
11. Tenha consciência do espaço à sua volta e da outra pessoa, quase como se estivesse numa cápsula invisível que os envolve e suspende a ambos.
12. Evite tentar justificar, escolher, comparar, julgar ou rejeitar qualquer coisa que seja dita (isso não significa que tenha de concordar com tudo).
13. Torne-se tão presente e concentrado no momento que suspende a sua percepção do tempo.
14. Não faça mais nada ao mesmo tempo. Coloque de lado tudo o resto e limite-se a ouvir.
15. "Oiça" o que está a ser dito com o seu pleno "eu", com todo o seu corpo, mente e alma – não apenas com os seus ouvidos e cérebro.

Como ouvir com o seu corpo

As palavras ditas que entram nos seus ouvidos são uma forma de ouvir, e poderão levar a qualidade da audição a um nível mais profundo, transformando o seu corpo num organismo aberto, receptivo e de audição. Não em palavras ou sons, mas permitindo que o corpo se mantenha parado para receber qualquer tipo de energia que venha da outra pessoa. Quando está verdadeiramente a ouvir, é realmente como se o seu corpo todo também estivesse a "ouvir".

Para ouvir com todo o seu corpo, faça com que a sua mente esteja calma e sinta como se estivesse a "abrir" a parte da frente do seu corpo – o seu coração, peito e estômago – em frente a quem está a falar.

(Importante: Se o que lhe estão a dizer o perturba ou está a ser prejudicial para si, em vez de estar "aberto" poderá, conscientemente, colocar um ecrã imaginário à sua frente para se proteger.)

4 | Dar espaço (67)

Sugestões para Comunicar com Sucesso:

1. Experimente ouvir. Sente-se ou coloque-se de pé de forma consciente, dê a alguém o nível de atenção e tempo de que necessita para se exprimir. Recorra a uma postura física calma e relaxada como uma das etapas para ouvir verdadeiramente. Quando alguém está a falar consigo, mantenha o seu corpo quieto, tranquilo e confortável. Permita que o seu nível de energia aumente, deixe de pensar no tempo e dê total atenção ao seu interlocutor.

2. Pratique a forma de evitar qualquer julgamento ou análise interior quando alguém fala consigo, tal como foi discutido nos primeiro e segundo poderes.

3. Esteja atento a todo o seu corpo enquanto alguém está a falar consigo; sinta a energia do seu corpo e a forma como responde ao que está a ser comunicado.

4. Se alguém está confuso e se afastou do assunto, faça perguntas para os trazer de volta a uma comunicação construtiva.

Ouvir o *feedback* (receber mensagens)

"Dar espaço" e ouvir significa não só ouvir os outros quando falam mas também ouvir o *feedback* que recebe sob qualquer forma e de todas as áreas da sua vida. *Feedback* é um sinónimo de resultados; o tipo de resultados que recebemos sob a forma de informação, mensagens, reacções e eventos, em resposta ao que colocamos no mundo através do nosso discurso e acções.

A questão é: quanto espaço é que conseguimos "dar" que seja suficiente para ouvir verdadeiramente a informação que recebemos?

Vivemos na Era da Informação e recebemos informações constantemente – do Universo, das nossas relações e das nossas próprias fontes internas (corpo, mente e alma).

Ouvir é uma característica fundamental dos Comunicadores de Sucesso porque, a não ser que oiçamos o *feedback* que recebemos, como é que podemos saber qual a coisa certa a fazer ou a dizer em seguida?

Nas nossas relações íntimas estamos constantemente a receber *feedback* sobre como o nosso parceiro se sente; o que fazemos com essa informação e como é que a utilizamos para melhorar a nossa união, ou para nos dividir, depende inteiramente de nós.

Chaves para identificar o *feedback*

- Preste atenção ao que está a acontecer à sua volta: saiba que a sua vida, as pessoas, as relações e os acontecimentos é *feedback* sobre o que está a fazer e como está a comunicar.

- Poderá facilitar a recepção de *feedback* não assumindo nada pessoalmente. Lembre-se de que o *feedback* é simplesmente isso: *feedback*. Poderá sentir-se tentado a interpretá-lo sob a forma de crítica, agressão, elogio ou qualquer outro dos cento e um rótulos. Porém, ao rotulá-lo, poderá alterar o significado original da mensagem.

- Pare de o negar! A forma mais fácil de perder *feedback* valioso é negar que é o que é. Tudo e qualquer coisa poderá dar-lhe pistas que o conduzirão para a vida, relações, alegria, liberdade e sucesso que deseja. Se escolher negar o *feedback* ou se recusar a ouvir, poderá perder essas oportunidades.

- Se alguém falar consigo e não tiver a certeza de que percebeu o significado da mensagem, diga-lhes que não tem a certeza de que percebeu, peça desculpa por não compreender e peça-lhes que repitam a mensagem, talvez de uma forma ligeiramente diferente. Em 99 por cento dos casos, isto é melhor do que tentar adivinhar e acabar por errar. Adivinhar acontece a toda a hora; faz com que os amantes se separem e aumenta as discussões entre eles.

Pequenos sinais

Não é raro, durante uma relação, alguém ser "de repente" abandonado pelo seu parceiro, sem qualquer aviso. Mas não houve mesmo aviso? Normalmente, quem está fora da relação apercebe-se de pequenos sinais que sugeriam que era provável que isso acontecesse. Por vezes, as mensagens que recebemos são silenciosas, mas, mesmo assim, precisamos

4 | Dar espaço (69)

de as escutar. Se estamos muito ocupados e concentrados na nossa própria realidade e não ouvimos, é fácil deixar escapar os pequenos sinais que nos são transmitidos. Oiça o que o Universo lhe está a dizer através do que está a acontecer na sua vida, relações e no mundo à sua volta; mesmo os mais pequenos sinais. Se não ouvirmos o *feedback*, incluindo os pequenos sinais, abrimo-nos a um *feedback* maior, mais doloroso ou, por vezes, cataclísmico, tal como uma doença grave, divórcio, bancarrota ou até à morte prematura (num caso extremo!).

Sugestões para Comunicar com Sucesso:

1. Experimente este exercício com um amigo: um de vós fala um pouco e depois o outro repete o que foi dito. O mais interessante é ver como a mensagem é normalmente modificada quando é repetida.

2. Pense no que lhe aconteceu hoje, ontem, ou na última semana – decisões que tomou, coisas que disse ou fez e formas como se comportou – e encare-o como *feedback*.

3. Procure pequenos sinais na sua vida e explore o seu significado.

4. Oiça atentamente os outros e veja como filtram a informação de forma diferente da sua. Como é que respondem, ou interpretam a mesma informação que tem? Utilize estas diferenças para começar a perceber como filtra a informação e como a poderá filtrar de formas mais úteis.

5. Baseie as suas decisões e respostas no *feedback* que recebe. O *feedback* que recebe quando coloca a sua mão numa fogueira altera as suas respostas muito rapidamente; infelizmente, não aprendemos tão depressa com base noutras fontes de *feedback*!

O *boomerang* das palavras e das acções

Um dos motivos por que é importante ouvir prende-se com o facto de cada palavra (e cada acção) se voltar para si como se fosse um *boomerang*. Cada pensamento, palavra e acção tem uma energia que sai e que, em última instância, se voltará para si de determinada forma, apesar de nem sempre perceber. Assim que tenha exprimido as suas palavras ou acções, elas "andam por aí" e, assim que isso acontece, não tem qualquer controlo sobre elas; apenas poderá adivinhar como se voltarão contra si.

Faça das palavras e acções reflectidas uma das suas práticas habituais. Porque uma palavra ou acção irreflectida pode destruir anos de construção de amor e confiança.

Se demonstrar amor, este ser-lhe-á devolvido; se transmitir raiva, esta ser-lhe-á devolvida. Mesmo quando alguém está a centenas de quilómetros de distância, se as elogiar e se lhes desejar tudo de bom, um dia, essas intenções regressarão a si; e se falar de alguém de uma forma insultuosa, um dia esse sentimento negativo também voltará para si.

O poder das palavras

Quando começar a ouvir no sentido verdadeiro, é fácil concluir que uma das ferramentas mais fantásticas que temos são as palavras. Estas dão-nos meios extraordinários para comunicarmos uns com os outros: têm o poder de criar ou de destruir, de trazer paz ou sofrimento, amor ou ódio. Não só existe um enorme número de palavras à nossa disposição mas também cada uma delas tem tanto significado e interpretações subtis, que nos dá várias possibilidades de expressão. Isto permite-nos levar a comunicação verbal a um nível mais avançado. Como resultado do poder das palavras, os Comunicadores de Sucesso ouvem as palavras que os outros utilizam e os seus significados, consciente e inconscientemente.

> Os Comunicadores de Sucesso estão conscientes do poder construtivo e destrutivo das palavras e por este motivo escolhem-nas com muito cuidado.

Uma das desvantagens da variedade de possibilidades que as palavras nos apresentam é o potencial que têm de serem mal entendidas ou interpretadas; isto pode representar um grande desafio nas relações pessoais, onde duas pessoas encontraram um parceiro com quem existe uma grande harmonia. A escolha das palavras pode dizer-lhe sobre como se relacionam e em que é que acreditam. Se for um ouvinte atento e cuidadoso poderá dizer muito sobre outra pessoa (mesmo que tenha acabado de a conhecer), percebendo a forma como ela escolhe as palavras e descreve a realidade. Se ouvir verdadeiramente as palavras que os outros utilizam, verá como o seu vocabulário reflecte o tipo de vida e relações que criam.

4 | Dar espaço   (71)

As palavras são também uma forma de comunicar connosco...

Os Comunicadores de Sucesso acham interessante as escolhas inconscientes que fazemos das palavras que utilizamos. Normalmente, utilizamos certas palavras com maior frequência, inconscientes da forma como essas palavras nos estão a atrasar ou a limitar.

Lembre-se de que o inconsciente está a ouvir e a acreditar em cada palavra individual que diz. Não precisa muitas vezes de dizer: "não consigo", "sou mau a gerir dinheiro", ou "acabo sempre por me magoar", antes do seu inconsciente começar a acreditar que é verdade.

Assim que o inconsciente acredita que alguma coisa é verdadeira, isso afectará o seu comportamento de uma forma que transmite o que acha que é verdadeiro para a realidade. Isto faz com que a sua escolha de palavras, mesmo quando comunica consigo próprio, tenha muita influência.

Oiça as suas palavras e perceba como criam a sua realidade: lembre-se de que as palavras são muito poderosas e por isso escolha-as com cuidado.

Sugestões para Comunicar com Sucesso:

1. Escuta nas palavras que os outros utilizam o que *realmente* transmitem. Avalie as palavras que normalmente utiliza e o que está *realmente* a dizer.

2. Repare como as palavras criam experiências, relações e acontecimentos e de que forma é que as palavras influenciam e determinam as suas personalidades. Agora, veja como é que as palavras o influenciam a si. Esteja atento a quem utiliza frases como "não posso fazer" e as que dizem muitas vezes "posso".

3. Oiça-se a si próprio e escute as palavras que está a utilizar. Poderá, por vezes, ficar surpreendido por se ouvir a utilizar palavras que o podem prejudicar, entristecer ou dar-lhe uma experiência negativa.

4. Se reparar que algumas das suas palavras têm este efeito, deixe de as utilizar. Poderá ser melhor dizer menos do que utilizar palavras que geram dor ou negativismo na sua vida e nas suas relações.

5. Comprometa-se a evitar rumores, especialmente sobre os outros; lembre-se do efeito de *boomerang* e do facto de as palavras terem o poder de fazer bem ou mal. Muitos dizem mal de quem não está presente para se defenderem e comprometa-se a nunca criticar ou falar negativamente sobre quem quer que seja, independentemente de estar ou não perto das pessoas em causa.

6. Transmita energia positiva e amorosa ao universo através das suas palavras e acções. Faça-o sem esperar recompensas directas, mas observe os resultados com interesse.

7. Sempre que alguém o cumprimenta, retribua o gesto com outro cumprimento.

Ouvir é um dos poderes essenciais de qualquer relação de sucesso. É por isso que representa uma parte tão importante de um Comunicador de Sucesso e por que o estudámos de forma tão profunda.

Quando ouve de forma tão atenta "dá espaço" e está a oferecer um presente de amor inestimável. No próximo poder, veremos como falar com mestria, o que significa descobrir formas de dizer o que pretende, tendo a certeza de que será ouvido e compreendido.

(5)
Quinto poder:
Falar com mestria

Neste capítulo irá aprender:

- a compreender e a falar a linguagem do seu interlocutor
- a falar com a sua verdadeira voz
- a falar com todo o seu corpo

Durante cerca de dez anos, tive um centro hípico no Sudoeste de Inglaterra, onde "iniciei" (desbravei) muitos cavalos jovens. Um cavalo, em particular, ensinou-me a comunicar de maneira a que os outros compreendam. Era uma bela égua espanhola andaluza que chegou até mim com quatro anos e sem nome. Como resultado do seu comportamento extremamente reactivo e nervoso, chamámos-lhe "Bananas" *. Nunca tinha visto um cavalo com as suas características: tinha uma crina longa e abundante e o seu corpo era cinzento muito escuro com manchas brancas, brilhantes como estrelas. Comprei-a porque tive pena dela; estava fechada sozinha num estábulo num local onde, aparentemente, tinha pouco, ou nenhum, contacto com outros cavalos. Não faço ideia do tipo de tratamento que tinha antes de a trazer, mas percebi que se sentia aterrorizada junto de pessoas e muito receosa perto de outros cavalos.

Ao longo de alguns meses, tentei todos os métodos que conhecia para a transformar num cavalo apto para montar, porém, por mais que tentasse, ela resistia e estava determinada a ensinar-me alguma coisa em relação à forma como comunicava. À medida que o tempo passava, compreendi que a sua sensibilidade exigia que lhe falasse muito baixo, o que significava que todas as indicações que lhe transmitia com o meu corpo – já que os cavalos lêem a linguagem corporal – tinham de ser quase invisíveis.

O que a "Bananas" me obrigou gradualmente a fazer foi a estar mais atento à maneira como comunicava: o meu tom de voz, a velocidade e expressão dos meus movimentos, a forma como os meus sentimentos eram transmitidos e o meu nível de energia. Tinha de ser específico em cada comunicação, para que as minhas mensagens fossem transparentes. Se transmitisse mensagens vagas ou confusas, ela tremeria e tentaria fugir em pânico. Se não houvesse outro sítio para fugir, a "Bananas" voltava-se para quem estivesse mais perto e deitava-o ao chão como forma de fuga. Esta égua era tão reactiva e medrosa que, a não ser que fosse muito compreensivo, claro, firme e calmo na minha comunicação, era incapaz de ouvir. Exigia que falasse como ela queria, caso contrário não ouviria de todo. Quando, finalmente, consegui interagir e comunicar com ela, tornou-se tão fiel, amorosa e alegre que fiquei com lágrimas nos olhos.

O que fiz foi aprender a falar a sua linguagem; não só a linguagem dos cavalos mas também a linguagem daquela égua em particular. Considerei-a como um animal único e ela devolveu-me com a sua confiança, respeito e capacidade de ouvir.

---

* **N.T.** Na língua inglesa, e no contexto em causa, "Bananas" significa "louca, "selvagem".

> Quando os Comunicadores de Sucesso comunicam, assumem a responsabilidade de serem compreendidos. Para tal, falam com mestria, o que significa transmitir a sua mensagem de forma a ser facilmente ouvida e compreendida por todos.

Se pretende comunicar com alguém de modo a que o entendam, terá de fazer com que o compreendam; é uma perda de tempo fazê-lo de outra forma. Poderá parecer óbvio, mas quantas vezes na vida já falou com alguém e não foi compreendido? Se for como eu, provavelmente muitas vezes.

Da próxima vez que falar com alguém, assuma a responsabilidade de fazer com que compreenda o que está a dizer. Isto poderá realmente tornar as conversas mundanas muito interessantes; acaba por tornar-se num pequeno jogo descobrir a chave para conseguir que cada pessoa tenha a capacidade de o ouvir.

Dez ideias para comunicar melhor:

1. Facilite o seu ouvinte a ouvi-lo.

2. Utilize vocabulário, palavras e frases que o seu ouvinte conheça. Para descobrir o tipo de linguagem que elas compreendem, oiça-as durante algum tempo e veja as palavras que utilizam; depois, faça uso delas.

3. Assegure-se de que captou a atenção do seu interlocutor e veja se ele está mesmo a escutá-lo. Poderá fazer experiências para chamar a atenção de variadas formas, algumas mais socialmente aceites do que outras! Eu considero que pintar-me de cor púrpura e dançar nu em cima de um piano funciona muito bem, mas poderá não ser apropriado em todas as situações. Se quiser chamar a atenção de alguém com quem mantém uma relação próxima, peça-lhe para o ouvir durante alguns minutos; é melhor assim do que competir com a televisão ou aumentar o volume da sua voz (o que, provavelmente, fará com que se afastem ainda mais de si). Por vezes, é melhor poupar a sua energia; se concluir que não está a ter sucesso, guarde o que tem a dizer para um momento em que estejam mais "disponíveis" para o ouvir.

4. Diga as coisas de várias maneiras diferentes até descobrir a combinação que funciona melhor com quem está a falar em particular.

5. Fale num ritmo que lhes permita pensar sobre o que está a dizer. Lembre-se de que o que diz pode ser familiar para si, mas poderá tratar-se de informação nova para os outros, que poderão necessitar de mais tempo para a compreender.

6. Evite apresentar qualquer informação que questione ou critique a pessoa com quem está a falar. Se parecer que está a criticá-la, deixará de estar concentrada no que está a dizer e passará a estar interessada apenas em se defender; isto fará com que seja incapaz de o ouvir.

7. Fale num tom que possa ser ouvido. Isto é muito importante. Se o receptor tem de se esforçar para o ouvir porque fala demasiado baixo, então terá de se esforçar muito mais para ouvir as suas ideias. Se tiver algo que valha a pena comunicar, certifique-se de que o faz num tom audível, para transmitir que acredita no que diz.

8. Faça com que a comunicação seja importante. Saiba o que quer dizer e escolha as palavras antes de as pronunciar para não lançar uma série de palavras para o ar como se fossem letras de músicas e depois tentar organizá-las de uma qualquer forma com significado.

9. Seja preciso e específico. Evite ser vago ou fazer generalizações redutoras, por exemplo: "Já *vi milhões de pessoas a fazerem isso de maneiras diferentes!*" Você poderá saber o que quer dizer, mas se for vago, quem escuta as suas ideias poderá ter muito para adivinhar. A maioria não adivinha com precisão, o que poderá ter como consequência várias interpretações erradas e desentendimentos.

10. Se está a pedir algo, faça-o directamente. Evite andar às voltas, dando a entender o que pretende e esperando que o seu interlocutor adivinhe. Facilite-lhes o trabalho!

Falar na linguagem dos outros

Uma das competências-chave para falar com mestria é a capacidade de comunicar com alguém ou com algo (cavalo, cão, gato, extraterrestre, etc.) através da linguagem deles. Entre os cerca de seis mil milhões de pessoas que habitam actualmente o planeta, fala-se efectivamente seis mil milhões de linguagens diferentes, o que significa que deve falar uma linguagem diferente com cada pessoa que encontra. Parece um trabalho desafiante! Todas as pessoas têm a sua forma de se expressar, seja em francês, alemão, inglês ou suaíli. Falar a mesma linguagem ajuda-as a sentirem-se reconhecidas, confortáveis e compreendidas: e pode ser feito de uma forma muito subtil e terna.

Como todos podem criar a sua própria linguagem?

Todos temos um conjunto totalmente único de experiências nas nossas vidas e formas únicas de interpretar essas experiências. É por isto que desenvolvemos as nossas próprias formas de comunicar já que – para obter o que há de melhor das nossas relações – devemos falar a língua dos outros.

Falar a linguagem de outra pessoa não significa desistirmos daquilo em que acreditamos nem concordar com os seus valores e ideias. Trata-se simplesmente de aceitar a sua visão do mundo como a forma através da qual vêem as coisas (por muito limitada que pense que essa visão é!)

Como falar a linguagem dos outros:

Respeite o que o outro sente: Esteja aberto à forma como o outro se sente interiormente. Permita que o seu corpo "oiça" o corpo do seu interlocutor e identifique o seu estado emocional. Lembre-se de que é necessária uma grande entrega para fazer com que alguém se "sinta" em casa na comunicação que partilha e que isso significa aceitar a forma como os outros se sentem. Isto transmite-lhe a sensação de que está a falar a sua linguagem.

Dar espaço: Ironicamente, uma das formas mais eficazes de falar a linguagem dos outros é deixá-los falar! Ao permitir que os outros falem mais, poderá ouvir e aprender a sua linguagem. Poderá pensar que tem um assunto importante a ser discutido e que não o conseguirá fazer se falaram na maior parte do tempo. Porém, ouvir, aprender e depois falar a linguagem dos outros permite-lhe passar eficazmente a sua mensagem no momento em que falar.

Faça perguntas que os outros queiram responder: Outra forma de falar a linguagem dos outros é fazendo-lhes perguntas demonstrando interesse. Isto não significa interferir ou tornar-se exigente, mas tentar entrar genuinamente na realidade deles. Poderá mesmo colocar algumas perguntas mais profundas e pessoais seguindo esta linha de raciocínio de uma forma cuidada. Alguns podem sentir-se bastante sensibilizados quando têm hipótese de falar acerca do que é realmente importante para eles; e partilharão muito mais sobre eles próprios consigo se falar a linguagem deles. Isto pode fazer com que fiquem bastante vulneráveis, o que significa que fica com a responsabilidade de manter o que dizem "num lugar sagrado e em segredo".

Linguagem "limpa": Utilizar linguagem "limpa" não tem nada a ver com dizer asneiras. Se a pessoa com quem está a falar, repetidamente falar calão, poderá sentir-se mais confortável se você começar a fazer o mesmo!

Todos temos palavras ou frases favoritas que utilizamos e com as quais nos sentimos confortáveis. A mesma palavra ou frase pode significar coisas diferentes para pessoas diferentes. Por exemplo, a palavra "comida" pode significar "que bom!" para uma pessoa, "sobrevivência" para outra e ainda "repulsa" para outra. Linguagem "limpa" significa ouvir as palavras e frases que as outras pessoas realmente utilizam e depois incorporá-las no seu próprio diálogo quando conversa com elas.

Reflexo da linguagem corporal e dos movimentos: As pessoas expressam muito sobre delas próprias e sobre os seus sentimentos íntimos através da forma como utilizam o seu corpo. Em termos gerais, o nosso corpo reflecte o que sentimos. Ao nos movermos de determinada forma ou assumirmos certa postura, podemos, inconscientemente, ajudá-las a se sentirem compreendidas. Basicamente, está a falar a linguagem dos outros com o seu corpo. O mais interessante é fazermos isto sem sequer nos apercebermos. Da próxima vez que estiver de pé a falar com alguém, repare na postura de ambos e os movimentos que fazem com as mãos.

Sinta, veja, oiça, cheire e prove: Todos temos as nossas próprias preferências em relação a qual dos seus cinco sentidos utilizam para experimentar a vida. As palavras que utilizam dão pistas sobre os sentidos que preferem. Utilizar o mesmo tipo de palavras que o outro ajudá-lo-á a relacionar-se com ele de uma forma mais eficaz. Por exemplo, quem prefere recorrer ao "tacto" poderá dizer: "Sinto que será um dia quente agradável."

Alguém que prefira a "visão" poderá dizer: "Vê-se que vai estar um dia radiante de sol." Alguém que prefere "ouvir" dirá: "Ouvi que vai estar sol hoje." (Muito ocasionalmente, encontrará alguém que é do tipo "provar" ou "cheirar" e isso pode ser muito interessante. Deixo ao seu critério brincar com as possíveis opções de palavras que poderia utilizar!)

Utilize um vocabulário concordante:

- Se alguém está mais concentrado no "sentir" ou "tocar", utilize palavras como calor, suavidade, rugoso, abraçar, tocar, pegar, segurar, etc.
- Se alguém é mais visual, utilize palavras como luz, escuro, imagem, visão, ver, olhar, observar, encarnado, azul, preto, branco, brilhante, etc.
- Se alguém está mais sensibilizado para ouvir, utilize palavras como tocar, ouvir, estrondo, dizer, voz, falar, ritmo, etc.

"Em direcção a" e "Para longe de": Algumas pessoas estão mais motivadas para levar em frente experiências agradáveis; outras estão mais motivadas para se afastarem de experiências desagradáveis. Por exemplo, alguém do tipo "em direcção a" poderá dizer: "Adoro ir para o Litoral de férias e entrar num espírito de férias." Alguém que é mais do género "para longe de" poderá dizer: "Adoro sair da confusão por uns tempos, afastar-me de todo o rebuliço e por isso faço férias."

Tom e velocidade: Descubra no tom e na velocidade do discurso do seu interlocutor e tente acompanhá-lo. Se pensar nisso, poderá ser mais fácil para ambos se estiverem a falar de forma semelhante, em vez de um falar à velocidade da luz e superficialmente enquanto o outro fala muito devagar e profundamente.

Ser Adaptável

Como vimos, falar a linguagem dos outros significa ser adaptável. Não significa desistir de quem é ou deitar fora as suas ideias. Não se trata de contrariar a sua própria agenda, ou de enganar os outros. Trata-se de respeitar a experiência de vida deles, falando a sua linguagem. Significa adaptar temporariamente a forma como diz as coisas enquanto fala, para que o compreendam melhor. Falar a linguagem dos outros deverá ser feito de uma forma carinhosa: se alguma vez utilizarmos estes métodos de uma forma manipuladora, a outra pessoa, inconscientemente, aperceber-se-á disso, já que ocorre a um nível menos superficial do que a maioria das comunicações profundas.

Sugestões para Comunicar com Sucesso:

1. Mantendo-se fiel a si próprio, suspenda quaisquer opiniões pessoais e ideias durante algum tempo e aproveite as conversas.

2. Pense em falar a linguagem dos outros como se isso fosse atravessar um rio de corrente rápida: para passar para a outra margem precisa primeiro de se deixar levar pela corrente e depois, gradualmente, conduzir a canoa para onde pretende. Entre na "corrente" falando a linguagem do seu interlocutor e depois conduza a comunicação.

3. Oiça com interesse objectivo, não só para *o que* as pessoas dizem mas também *como* o dizem.

Mensagens baralhadas

Transmitir mensagens e direcções claras e sucintas é uma parte importante de falar com mestria. Os Comunicadores de Sucesso sabem que isto significa evitar mensagens baralhadas, comunicando com absoluto enfoque e clareza. As mensagens baralhadas comunicam mais do que uma ideia em conflito ao mesmo tempo, a um nível verbal, físico, emocional ou energético, gerando confusão. As mensagens baralhadas estão em todo o lado e podem fazer com que a comunicação regular origine todo o tipo de dificuldades e mal-entendidos. Este tipo de mensagens podem atrasar ou prejudicar as relações entre as pessoas, já que quem recebe uma mensagem baralhada tem de perder algum tempo a descobrir exactamente o que é que significa.

> Quando se exprime sem mensagens baralhada, traz transparência e compreensão às suas relações.

Ao transmitir mensagens baralhadas, não só confunde o outro mas também aparenta ser mais fraco porque o que diz não é directo nem transparente. Podem fazê-lo sentir-se inseguro e diminuir o seu poder pessoal.

Sugestões para Comunicar com Sucesso:

1. Oiça a forma como as pessoas falam umas com as outras, especialmente quando fazem pedidos. Veja como normalmente evitam dizer algo de uma forma aberta e directa.

2. Olhe para o seu coração e fale honesta, aberta e claramente. Pergunte o que quer: mantenha a mensagem transparente e simples.

3. Faça intervalos entre o que quer transmitir, para não atropelar uma mensagem com outra e baralhá-las.

4. Confirme se está a ser consistente, ou seja, se as suas palavras, corpo, coração e mente estão a enviar a mesma mensagem. Se alguém não o perceber, então confirme se a mensagem é simples e que não há confusões.

A sua verdadeira voz

As palavras que utiliza contribuem para criar o tipo de relação, comunicação e experiências que tem. Mas não são só as suas palavras que têm poder; também a forma como utiliza a sua voz tem. Os Comunicadores de Sucesso falam sempre com a "verdadeira voz" deles, com respeito, integridade, significado e coração.

A sua voz é única. É uma expressão pública daquilo que você é. A sua voz também expressa *como é que está*. Independentemente de como soe, a sua voz é um belo instrumento com o qual pode exprimir-se.

Através da sua voz, interage com os outros, não só pelas palavras que utiliza mas também pelo tom, velocidade e emoção com que o som sai da sua boca. A sua voz também comunica mensagens diferentes, dependendo do sítio do seu interior de onde fala. A sua voz permite que saibam se fala de um sítio de integridade, insegurança, convicção, verdade, mentira, amor, incompreensão, confusão, confiança, clareza, desonestidade, comprometimento, força, ternura, intimidade ou de qualquer outro sítio dentro de si.

A forma como a sua voz passa para o exterior é completamente diferente da forma como a ouve na sua cabeça. Já alguma vez se questionou como é que a sua voz se ouve no mundo exterior? Alguma vez gravou a sua voz e ouviu a gravação? Qual foi a sua reacção? Provavelmente, terá sido algo do género: "Oh, não! Esta é a minha voz? Não é assim que soa, pois não?" Perca algum tempo a ouvir o som da sua voz para conhecer o seu tom, amplitude e ressonância. Pessoas que conhecemos bem têm vozes que reconhecemos instantaneamente; isto significa que em menos de um quarto de segundo sabemos quem são, qual o seu estado de espírito e como se sentem.

Pergunte-se:
- Quem se acalma ou se sente amado com o som da sua voz?
- Quem se enerva ou se sente ansioso quando eleva o tom de voz?
- Quem é motivado pelo som da sua voz?
- Quem ignora a sua voz?
- Quem sobrepõe o tom de voz ao seu?
- Que efeito poderia ter em si a ordem "Silêncio!" enquanto era jovem?
- Até que ponto permite que a sua verdadeira voz se revele?
- "O que posso estar a esconder ou a não trazer ao mundo quando não transmito a minha mensagem?"

Falar com a sua verdadeira voz

Ressonância: Ressonância é a profundidade e riqueza do som da sua voz. Pessoas que falam com ressonância permitem que o som seja criado em pleno, tal como um sino claro. Elas não restringem, diminuem ou encobrem o som. Possibilitam que o som saia de dentro do mais íntimo de si, por isso, é um prazer ouvi-las.

Abrir a sua boca: Poderá parecer estranho abrir a boca, nem que seja apenas mais uma fracção do que é habitual, mas poderá fazer uma grande diferença na forma como a sua voz é "autorizada" a sair para o mundo. Pode ter uma voz que inspire os outros, mas se está "fechada", as únicas coisas que as pessoas ouvem são os seus dentes e a sua língua!

O poder na sua voz: O poder na sua voz NÃO SE TRATA DE VOLUME! Trata-se de saber de onde vem a sua voz e que convicção, crença, valor e relevância coloca no que diz. Poder na sua voz não é algo para utilizar de forma a se impor numa conversa ou a sobrepor-se à de outra pessoa. O poder é algo que é inspirador e interessante, para que, quando fala, os outros escutem o que tem para dizer.

Respiração – apoio à sua voz: a sua voz é como a ponta do iceberg; é a parte que serve de evidência para o mundo exterior, apesar de muito se passar abaixo da superfície que serve de apoio à sua mensagem. É a forma como utiliza a sua respiração que apoia a sua voz e que lhe dá a capacidade de falar com uma base sólida.

* Utilize a sua respiração para expandir a sua voz e para reduzir as flutuações das suas palavras.
* Dê a si próprio tempo e autorização para inspirar o ar de que necessita antes de falar, para que a voz seja atenuada com a libertação de ar e, assim, soe mais suave, mais sólida e mais confiante.
* Repare para onde é que o ar tem de ir e vir no seu corpo. Inspire até ao fundo do seu corpo. Explore a abertura das suas costelas quando inspira; não apenas a parte da frente das costelas, mas a lateral, sob os braços e nas costas.

Falar com todo o corpo

Falar com o coração: Quando fala com o coração, a sua voz transmite uma mensagem de paixão, convicção, crença, verdade, compaixão e amor. Quando alguém fala com o coração, isso pode ser muito estimulante para o ouvinte. Concentre-se no seu coração e peito; permita que os sentimentos que associa a esta parte do seu corpo venham para o peito; abra o seu coração e acredite que é seguro falar com abertura e ressonância.

Falar com a cabeça: Quando alguém fala com a cabeça, normalmente está a analisar, intelectualizar, racionalizar e expressar através de processos. Falar desta forma é muito útil em determinadas circunstâncias, pois pode ajudar os outros a compreenderem os mecanismos do que está a acontecer e a encontrarem o seu caminho na resolução de problemas de uma forma prática. Porém, há o perigo de, se falar demasiado com a cabeça, perder o contacto com os seus sentimentos e, consequentemente, com quem está à sua volta.

Falar com o estômago (centro do corpo): Esta área do corpo é o centro de energia. Quando fala a partir daqui, fá-lo com convicção e concentração. Uma voz que saia deste sítio tem sentido de força, segurança e crença subjacente. Já alguma vez reparou nas vezes em que falou com esta parte do seu corpo? Como é para si fazer isso? Que efeito tem nos outros à sua volta? Se não sabe como falar deste centro de energia, pense num assunto em relação ao qual se sente perfeitamente à vontade e concentre a sua atenção no estômago enquanto fala. Poderá ficar surpreendido pela energia que pode produzir ao falar desta forma.

Falar com o rosto e nariz: o seu rosto é a parte do seu corpo que mostra mais expressões para o exterior. Os ossos em torno das bochechas, nariz e olhos são a maior fonte de ressonância para a sua voz. Se ficar com a cara parada e tensa, especialmente o nariz, isso restringe a capacidade de a sua voz transmitir a verdadeira mensagem.

Falar com a garganta: A garganta é um canal muito importante através do qual a voz sai do corpo para o exterior. Se falar apenas com a sua garganta, restringirá a capacidade de a sua voz sair de um local mais profundo. Para falar com mestria, a garganta e o pescoço têm de estar abertos e relaxados; a primeira área a contrair quando está tenso é normalmente a da garganta e pescoço. Pense como seria difícil falar claramente se alguém o estivesse a segurar pelo pescoço; porém, fazemos muitas vezes isso a nós próprios internamente devido a medo ou a tensão. Relaxe a sua garganta e pescoço.

> Projectar a sua voz para onde pretende que ela vá.

A forma mais eficaz de projectar a sua voz para o mundo é através da definição de uma ideia clara em relação a onde pretende que vá ou quem é que pretende que a oiça. Normalmente falamos e, simplesmente, deixamos as palavras sair da boca e dispersarem-se no ar. Se realmente acredita que está a falar a sua verdade interior e pretende ser ouvido, pense na direcção e na distância que a sua voz tem de viajar.

Se estivesse a disparar uma pistola de água a alguém, definiria a direcção com um trajecto que faria com que a água percorresse a distância certa. O mesmo acontece com a sua voz.

Rapidez e amplitude

Poderá reparar que a sua voz modifica a velocidade e amplitude em função das pessoas ou da situação em causa. Quando se sente à vontade, na presença de quem respeita e ouve a sua voz, como é a velocidade e a amplitude? Quais as diferenças em situações que se sente desconfortável?

Volume

O volume tem um papel importante. Por vezes, ajuda a projectar a sua voz. Demasiado volume faz com que "desliguem", os ouvidos retraem-se e desistem de ouvir. Por vezes, precisa de volume suficiente para que alguém o oiça à distância, porém, não é o volume que passa a mensagem.

O verdadeiro volume na sua voz resulta de uma combinação de falar com a parte certa do seu corpo, ressonância e apoio da respiração. Ao projectar a sua voz, permita que o volume saia de dentro de si; dê-lhe espaço e evite qualquer tipo de tentativa de aumentá-lo, já que isso só criará tensão no seu pescoço.

Concentrar-se nas vozes dos outros:

Avaliámos como é que as nossas vozes representam e reflectem o nosso estado interior. É também interessante reparar nas vozes dos outros, se falam com mestria e como é que as suas vozes as representam no mundo exterior.

- A forma como os outros falam fá-lo sentir-se inspirado, aborrecido, limitado, excitado ou interessado?
- Falam devagar, depressa, com ressonância ou de forma fraca, com elevada ou baixa amplitude?
- De que forma é que a maneira como se exprimem afecta a sua capacidade e vontade de lhe prestar atenção e de ouvir a mensagem?

Ao ouvir os outros, também poderá ser muito interessante ver se consegue dizer *com que parte do corpo* estão a falar – cabeça, coração, corpo, língua... – ou se estão a falar por alguém que não está presente.

Sugestões para Comunicar com Sucesso:

1. Oiça o som da sua voz em diferentes situações. Quando e onde parece ser mais eficaz, convidativo, seguro, inspirador, interessante, claro e comunicativo?

2. Grave a sua voz enquanto fala. Faça até se sentir totalmente confortável a ouvir a sua voz!

3. Quando ouvir outros a falar, "abra-se" para ouvir verdadeiramente e poder identificar indícios no corpo delas de que estão a falar com o coração, garganta, cabeça, língua, etc.

4. Treine a voz a direccionar o som numa direcção particular e a uma velocidade específica até ao destino. Oiça o percurso que o som faz desde a sua boca até onde pretende que se dirija.

5. Quando fala, repare quais as partes do seu rosto e corpo que ressoam ou vibram subtilmente com o som. Veja como libertar e relaxar o seu corpo pode fazer com que a sua voz soe mais forte, ressonante e poderosa.

6. Perceba como o seu discurso fica diferente se inspirar a quantidade certa de ar antes de falar e repare como pode mudar a sua voz.

Ser ouvido e compreendido exige, por vezes, algum esforço: precisamos de adaptar a forma como falamos para que o receptor possa ouvir o que dizemos; temos de falar na sua linguagem e utilizar as suas palavras. Temos de experimentá-lo na forma como utilizamos a nossa verdadeira voz, para que seja ouvida. Todas estas formas são competências óptimas para ir desenvolvendo.

(6)
Sexto poder: Criar relações gratificantes

Neste capítulo irá aprender:

- a gerir as energias quando comunica
- a criar empatias
- a desenvolver encontros positivos
- a saber estar em encontros difíceis

Houve muitas ocasiões em que cometi o erro de obrigar os cavalos a obedecerem recorrendo a técnicas físicas, conhecimento ou apenas à minha força de vontade. Por vezes, esse tipo de abordagem funciona, mas fica sempre uma leve sensação de insatisfação na obtenção do resultado: o cavalo satisfaz o meu desejo, mas falta satisfação e compensação, relação ou o sentimento de que estamos a fazer isto "juntos". Noutras ocasiões, utilizar alguma técnica física e força com os cavalos não funciona de todo e é aqui que começam os verdadeiros problemas: tentam tudo o que sabem para o cavalo obedecer, mas, se ele se recusa, pouco podem fazer, excepto desistir e dizer mal do animal por ter sido "difícil".

Quando estava a leccionar um *workshop* de dois dias sobre cavalos, no Norte de Inglaterra, muita gente viajou longas distâncias com os seus cavalos para assistirem. Durante o curso, duas senhoras comentaram como demoraram mais de três horas a colocarem o seu grande cavalo cinzento no atrelado. Também recordaram que tinham levado o cavalo a um famoso especialista em comunicação com cavalos para que as ajudasse a resolver o problema das viagens. Tenho grande respeito por esse especialista em cavalos mas, segundo elas, demorou tanto tempo a preparar o cavalo para a viagem que grande parte da audiência saiu ou adormeceu no momento em que o animal entrou no atrelado.

No final do meu *workshop*, os participantes começaram a preparar os cavalos para partir. Despedi-me e voltei para o picadeiro para uma sessão privada. Quando esta terminou, regressei e verifiquei que todos tinham partido, à excepção das duas senhoras e do seu grande cavalo cinzento. Ele estava a suar, a recuar e a empinar-se; as duas senhoras acompanhavam-no, mas não conseguiam aproximá-lo do atrelado.

Pediram-me se as podia ajudar a colocar o cavalo no atrelado. Este grande animal estava a despender demasiada energia e a assustar as duas senhoras, por isso, sabia que necessitava de melhorar os meus próprios níveis de energia para se equipararem aos dele. Ele começou a levar-me a sério, percebendo que não o temia, ao contrário das senhoras. Graças à minha grande energia, conhecimento físico, sentido de oportunidade e determinação, em pouco tempo tinha meio corpo dentro do atrelado. Infelizmente, nesse momento, recuou bruscamente fazendo-o repetidamente.

Num curto espaço de tempo, já tinha recorrido a grande parte das minhas ideias e técnicas para colocar um cavalo dentro de um atrelado e resolvi parar para me questionar o que é que estava a fazer mal e o que precisava de mudar.

6 | Criar relações gratificantes (89)

Conclui que o que estava a fazer era, provavelmente, o que todos os outros tinham feito com este cavalo: assumiram o controlo do problema, pegaram na corda e utilizaram as suas competências, técnicas ou o que quer que conseguissem para colocar este corpo de meia tonelada dentro do atrelado, independentemente dele confiar neles ou não.

Então "fez-se luz": o que faltava era carinho, relação, aceitação, confiança e respeito. Apesar de ser um estranho para este cavalo, tinha de me aproximar dele com carinho e criar uma relação genuína. Recomeçámos e, dessa vez, depois de estar a meio caminho do atrelado, em vez de tentar conduzi-lo mais para dentro, limitei-me a ficar de pé junto dele e abri-lhe o meu coração. Transmiti-lhe afecto. Nesse momento, algo profundo aconteceu entre nós. O tempo "parou" e senti um nó na garganta. Esta magnífica e poderosa criatura olhou para mim, os seus olhos negros acalmaram, o seu lombo relaxou depois de expirar profundamente e libertou o medo e a tensão do seu corpo. Ele parou e, sem qualquer incentivo da minha parte, passou pacificamente por mim e caminhou na direcção do atrelado. Acariciei a sua grande cabeça, com lágrimas nos olhos. Quem observava também se emocionou.

Após um ou dois minutos, retirei-o de novo do atrelado até à rampa de acesso. Ele subiu e entrou novamente no atrelado comigo. Repetiu-o mais algumas vezes, sempre voluntariamente. O meu coração estava em delírio.

Entreguei o cavalo à dona e ele entrou com ela quase com a mesma facilidade. Não falei com os presentes sobre o que tinha feito para o cavalo ter uma mudança tão radical: não compreendi logo nessa altura. Julgo que todos nós, incluindo o cavalo, presenciámos uma comunicação carinhosa que não necessita de palavras.

A proprietária fechou a porta traseira do atrelado preparada para partir e agradeceu-me. Disse-lhe que deveria era agradecer ao cavalo; foi ele que escolheu entrar. Ela olhou para o relógio e ficou surpreendida por ver que tinha demorado apenas 20 minutos para colocar o cavalo dentro do atrelado; para ele, um tempo recorde! É estranho como na relação que envolve afecto o tempo se torna irrelevante.

> Os Comunicadores de Sucesso gostam de relações gratificantes que tenham por base o amor, aceitação e trocas saudáveis de energia. São capazes de criar empatia com os outros assim que os conhecem.

Amor e aceitação

Exprimir amor e aceitação são duas das melhores formas de se relacionar com os outros. Os Comunicadores de Sucesso sabem que todos ganhamos quando damos e recebemos amor e aceitação.

O que fazemos por amor

Tudo o que fazemos na vida é motivado por algo: tudo tem uma razão subjacente que nos faz levantar e despender esforço. Apesar de grande parte da nossa rotina do dia-a-dia estar relacionada com a satisfação das nossas necessidades humanas básicas de sobrevivência, como comida, abrigo, etc., a um nível mais profundo, as nossas interacções com os outros estão relacionadas com a necessidade de sermos amados. Trabalhar para receber amor e sermos aceites acontece de maneira inconsciente, mas é um grande incentivo nas nossas vidas.

> Amor que é incondicional, confiável e não exigente, como o amor de um bom pai, dá-nos uma base sólida sobre a qual construímos e vivemos as nossas vidas.

Amor e aceitação começam dentro de si

Muitos de nós somos criados para "colocar os outros em primeiro lugar" ou é-nos dito que "é melhor dar do que receber". Apesar destas frases serem muito caridosas, a não ser que saiba como receber, poderá não compreender como dar a outra pessoa de forma equilibrada, ou de maneira a que consiga receber.

Muitos de nós consideramos que é mais fácil dar do que receber, na medida em que ser capaz de receber sem qualquer resistência requer que acreditemos que merecemos e que somos "suficientemente bons".

Pergunte-se:
- Até que ponto gosta de si? Gosta e aprecia-se menos do que as outras pessoas na sua vida? Acha que não é digno de ser amado? Sente-se desconfortável com a ideia de se amar a si próprio?

6 | Criar relações gratificantes (91)

- Quantas vezes se auto-elogia por ter feito alguma coisa bem? Como se sente quando você ou qualquer outra pessoa o cumprimenta por algo que fez bem?
- Como responde quando alguém demonstra amor e aceitação: agradecendo e dando amor em resposta, ou sentindo-se estranho e rejeitando a "oferta"?

Dar amor e aceitação

Amar não significa "saltar para cima" das pessoas e não parar com os elogios, apesar de isso poder ser bem recebido em determinadas alturas. Temos diferentes capacidades para receber amor e aceitação, por isso, os Comunicadores de Sucesso são sensíveis a dar "estes presentes" para que todos os possam receber. Pode ter de ser mais cauteloso com alguém, menos cauteloso com outro, há ainda quem necessite que exprima o amor de forma mais aberta, ou de forma tão subtil que não passe de um pensamento enviado para o ar.

Como é que sabe que alguém recebeu o seu amor e aceitação?

Algo terá mudado. Elas *parecem* diferentes. Estão mais confortáveis com elas próprias e começam a aproximar-se de si. Por vezes, quando ama e aceita alguém, essa pessoa quer retribuir espontaneamente e, por vezes, quando expõe o seu afecto, tem de recuar, dar-lhes espaço e esperar. Por vezes, simplesmente, não tem qualquer sinal de que o afecto foi recebido mas, se souber que foi dado para que os outros o possam receber, então a sua parte no processo está concluída.

O que o outro lado faz, ou não faz, com o afecto que oferece é com ele e você está a ser ainda mais carinhoso se lhe der liberdade para responder como queira... mesmo que pareça não responder de todo.

> Todos queremos ser amados e apreciados: é o maior objectivo.

A aceitação é mais do que dizer simplesmente "obrigado por ter feito aquele trabalho" ou "obrigado pelo café"; aceitar é uma forma de dizer "obrigado por ser quem é" e por partilhar o seu tempo e energia comigo. Mostrar aceitação quando alguém se aproxima de si faz com que saibam que reconheceu a energia que transmitiram. Demonstrar demasiada aceitação pode enfraquecer a sua posição porque transmite ao outro que está sedento da energia dela e que está em perigo de se "alimentar" dela (como veremos mais à frente).

Resistência em ser amado e apreciado

Paradoxalmente, apesar de uma das principais motivações das nossas vidas ser o desejo de ser amado e apreciado, é muito comum resistirmos ao amor e a sermos apreciados. Podemos fazer com que seja mais difícil darem-nos amor, elogios ou agradecimentos, como se "não merecêssemos". Poderá existir um receio relacionado com ser amado e apreciado, quase como se, ao permitirmos que alguém nos ajude a ter esses sentimentos, temêssemos que essa pessoa ganhe algum poder e esteja em posição de nos magoar ou decepcionar. Isto é algo a ter em conta quando a sua dádiva de amor e aceitação não é recebida de forma aberta.

> A resistência ao amor e aceitação poderá ter origem no receio de se tornar vulnerável a outrem.

É muito fácil pensar que quem é incrivelmente autoconfiante, ou quem está numa posição de poder – como as que ocupam cargos de topo nas empresas – não precisam de receber amor nem de ser aceites mas, na verdade, são humanos. De facto, os líderes e executivos de topo podem achar difícil satisfazer as suas necessidades de amor e de serem aceites uma vez que a sua posição implica uma postura coerente e firme.

Por vezes, quem está no topo alcançou essa posição porque foi conduzido por um desejo não equilibrado ou demasiado ambicioso de ser amado e aceite pelos outros. A maioria ficaria contente por nos ser demonstrado amor e aceitação por parte de algumas pessoas nas nossas vidas: um político quer que toda a população vote nele e que lhes dêem a sua aceitação... e isso é querer muito ser aceite!

A dança de dar e receber

Assim que perceber que as necessidades de amor e aceitação são uma motivação universal, poderá começar a dançar ao som do amor, ajudando os outros a satisfazer essa necessidade através da relação consigo. À medida que ajuda os outros a satisfazer essa necessidade, o fluxo positivo do amor volta para si.

Não é saudável amar e aceitar com a única intenção de receber algo em troca; isso seria passar de dar para manipular e a dança transformar--se-ia numa série de passos artificiais e rígidos.

As dádivas que recebemos por darmos amor e aceitarmos são o resultado acidental do processo, não a razão de ele se desenvolver.

- Lembre-se de que a lei universal traz-lhe de volta tudo o que deu, por isso, uma dádiva de amor retribuído poderá ter uma origem ou uma forma inesperada.
- Lembre-se de que amar e aceitar é um trabalho contínuo; não é algo para fazer uma ou duas vezes e depois desistir, pensando: "Oh, eles já sabem que eu gosto deles."

Aceitar é amor puro

Uma das formas mais puras de amar alguém é aceitá-la como é, com todos os seus defeitos, características, falhas, hábitos e formas de ser. Isto é incrivelmente libertador. Assim que aceitar alguém totalmente como é, ela, inconscientemente, saberá que é amada porque você viu para além do seu comportamento, até ao seu "ser" interior mais puro.

Esta questão abre um universo de oportunidades, algumas das quais muitos consideram assustadoras. Muitos nunca fomos totalmente aceites como somos: estamos habituados a não ser suficientemente bons ou verdadeiramente amados pelo que somos. Ao sermos totalmente aceites: Uau! Pode ser assustador... significa que somos suficientemente bons, mais do que suficientemente bons, somos fantásticos e amados.

Pergunte-se:
- Como é que as pessoas na sua vida mostram que é amado?
- De que forma gostaria que elas lhe demonstrassem amor e aceitação?
- Pediu-lhes para lhe mostrarem afecto e aceitação de uma forma que compreenderam?
- Como mostra às pessoas na sua vida que são amadas?
- Perguntou-lhes o que é que as faz sentir amadas por si?

Sugestões para Comunicar com Sucesso:

1. Quais são os seus melhores atributos? Escreva-os. Agora, pense em mais cinco! Escreva-os. E pense ainda em mais cinco! Escreva-os. Sim, faça-o. Agora pense noutros cinco! Escreva-os. Sim, faça mesmo isso! Identifique qualquer resistência que sentiu a receber amor e aceitação – da parte de si próprio ou da parte dos outros – e procure oportunidades de dar amor e aceitar-se a si próprio.

2. Explore formas de dar amor e de mostrar aceitação a outras pessoas. As formas como o demonstra podem ser subtis ou óbvias, dependendo do que é apropriado para cada caso. Poderá congratular um colega afectuosamente no corredor, comprar um grande ramo de rosas ao seu parceiro ou enviar uma mensagem de afecto a alguém através dos seus pensamentos ou com o seu coração.

3. Aceite as pessoas como elas são, incluindo você próprio. Lembre-se de que a aceitação é uma forma pura de amar.

Trocar Energia

Vimos algumas das formas mais óbvias através das quais os Comunicadores de Sucesso se exprimem, tais como as palavras, a voz e a linguagem corporal. Agora, passemos para algo que é uma parte muito emocionante das nossas relações e que está em todo o lado, em todos os momentos: energia. No mundo, a energia flue das mais variadas formas entre nós e os outros. É trocada nas palavras que utilizamos, nas nossas emoções, intenções e acções, através de dar e receber dinheiro, ao estar no espaço de outra pessoa e através do sexo. A ciência está, finalmente, a provar que tudo no universo se resume a energia pura: as estrelas, os planetas, os objectos sólidos, o ar, você, eu, todas as outras pessoas... e todas as emoções incluídas. Com efeito, devido ao facto de tudo no universo ser energia, não há forma de escapar dela, por isso, é melhor fluirmos com ela.

Os Comunicadores de Sucesso estão sempre atentos aos fluxos de energia entre as pessoas e gerem os seus próprios níveis de energia em concordância. Apercebem-se de que é essencial estar vigilante durante trocas pouco saudáveis de energia e tomam medidas para se protegerem.

Há muitas formas diferentes de energia

A energia pode ser explosiva, criativa, calma, afectuosa e confortante, reparadora, eficiente, momentânea, estática e duradoura, divertida, pesada e séria, leve e inspiradora, calma e segura, imparável e instável... há infinitas formas de energia, mas, basicamente, todas emanam da mesma matéria-prima.

Sempre que estamos com alguém existe um fluxo de energia. Mesmo quando não estamos perto de alguém, a energia pode continuar a fluir entre nós e ela. Por vezes, há um verdadeiro surto de energia; às vezes súbito. Outras vezes, a energia é fundamentalmente unidireccional, de uma pessoa para outra e, em certos casos, flui várias vezes entre as pessoas de uma forma mais equilibrada. Umas vezes, o fluxo de energia é saudável, noutras não.

> Lembre-se de que, como vimos no Segundo poder, não tem de estar a falar com alguém ou de estar ao seu lado para comunicar; poderá, mesmo assim, estar a comunicar a um nível energético, quer comunique verbalmente quer não.

Pergunte-se:
- Existem pessoas na sua vida que o deixam sentir-se esgotado e cansado depois de ter estado com elas?
- Existem pessoas na sua vida que o fazem sentir com energia, bem-disposto e inspirado?

Gerir a energia

Antes de começar a gerir a troca de energia entre nós e os outros, parece-me ser uma boa ideia ter consciência e ser responsável pelos nossos próprios níveis de energia. Claro que os nossos níveis de energia sobem e descem várias vezes de acordo com o nosso ritmo biológico e de acordo com tudo o que nos rodeia.

Se estamos envolvidos numa tarefa aborrecida (estar sentado a ter aulas na escola, por exemplo), é provável que os nossos níveis de energia estejam em baixo; se estamos a fazer algo de novo (como sair para um primeiro encontro amoroso), os nossos níveis de energia subirão.

Todos possuímos níveis de energia naturais que são característicos das nossas personalidades e que estão correctos, desde que esses níveis não causem dificuldades quando interagimos com os outros. Por exemplo, se tem muita energia poderá não se dar bem com quem é naturalmente sossegado e isso poderá não ajudar a vossa relação ou comunicação. Igualmente, se tem pouca energia e está a tentar relacionar-se com alguém muito enérgico, poderá ser melhor aumentar o seu nível de energia para se equiparar ao seu colega "hiperactivo".

É muito fácil gerir os seus próprios níveis de energia em diferentes situações, mas para isso tem de estar consciente dos seus próprios níveis de energia. Estar consciente da sua energia pessoal passa por perder algum tempo a perceber como se comporta.

Pergunte-se:
- Qual é o meu nível de energia neste momento? Por exemplo, é baixo, perto da morte, elevado ou explosivamente elevado, ou calmo e constante?
- Neste momento, qual seria o nível ideal de energia?
- Quando estiver com alguém pergunte: o meu nível de energia adequa-se a esta pessoa? Se sim, óptimo! Se for demasiado elevado, reduza a energia do seu corpo e mente; se for demasiado baixo, recarregue energias com uma inspiração forte, pense em algo que o entusiasme e eleve o nível.

Energia saudável

Uma troca sadia de energia entre as pessoas é aquela na qual ninguém se sente aborrecido por estarem juntas. Quando se sente que ganham energia por estarem juntas, então isso é ainda mais saudável. Para uma troca saudável de energias acontecer, cada um tem de aceitar o outro, de forma a validar os seus pontos de vista e dar-lhes espaço para serem eles próprios. Isso não significa que não possa discordar, mas, idealmente, qualquer desentendimento não implica uma carga emocional negativa, caso contrário, poderão surgir conflitos, um vencedor e um perdedor. De facto, o "vencedor" retira energia ao "perdedor" e este sofrerá uma perda de energia (analisaremos isto pormenorizadamente no Décimo poder).

> Pense em formas de trazer fluxos de energia positiva às suas relações pessoais e profissionais.

Recebemos tudo aquilo que damos, por isso, se ajudar os outros a conquistarem energia por estarem consigo, sem que isso o esgote, receberá todo o tipo de benefícios em troca...

Se ajudar o seu parceiro a experimentar um fluxo de energia amorosa quando estão juntos, é mais provável que ele tenha vontade de passar mais tempo consigo, em vez de ver televisão, sair com os amigos ou ficar até tarde no trabalho. Ficará mais desejoso para estar consigo, falar consigo, estar próximo e trocar energias consigo de muitas formas, fazendo amor e trocando carícias e intimidade. Se esgotar a energia do seu parceiro o que é que ele poderá fazer? Bem, provavelmente sabe a resposta...

Por um lado, se está a trabalhar e todos os clientes com quem fala se sentem satisfeitos consigo, provavelmente, poderão querer conhecê-lo melhor. Comprarão mais produtos seus, oferecem-lhe um almoço, falarão bem de si, dar-lhe-ão energia em retorno e poderão mesmo tentar contratá-lo para um melhor trabalho e a ganhar o dobro!

Por outro lado, se consome a preciosa energia dos seus clientes, eles tentarão estar consigo o mínimo possível. Sentir-se-ão exaustos quando falam consigo, restringem a quantidade de energia sob a forma de negócio e poderão mesmo aconselhar outros para o evitarem ou, talvez, nem sequer o mencionem.

Energia pouco saudável

É correcto trocar energia com outra pessoa se ambos concordarem com isso, mas não é correcto que nos retirem energia sem a nossa "autorização". Numa troca de energia pouco saudável, uma pessoa ganha energia influenciando o estado emocional de outra – tentando fazê-la sentir-se mal, frustrada, zangada, confusa, inferior, controlada ou assumindo o domínio da situação através de agressão ou meios subversivos ou desviantes. Ao tentarem ser melhores do que você ou emitirem opiniões mais válidas e superiores, podem retirar-lhe energia e utilizá-la para aumentar os seus próprios níveis de vigor.

Por vezes, retiram energia recorrendo a um conhecimento profundo sobre a sua forma de ser. É por isto que pode ser arriscado "aproximar-se" demasiado de alguém, a não ser que sejam muito delicadas consigo, poderão facilmente retirar-lhe força com base nessa proximidade para passarem por baixo das suas defesas.

Já alguma vez sentiu alguém a utilizar a proximidade consigo para lhe retirar energia emocional? Sim, tenho a certeza de que já. Agora, tenho outra pergunta para si: já alguma vez utilizou a proximidade com alguém para lhe retirar energia emocional? Ooooh. Sim, grande parte de nós tem de admitir que, num momento ou noutro, isso possa ter acontecido!

Vampiros e ondas fortes

Vampiros

O mito dos vampiros poderá não estar muito longe da verdade. Há pessoas que conhecemos ao longo da vida que estão tão sedentas de energia que tentarão sugá-la directamente de si, estejam ou não conscientes do que estão a fazer. Não estou a sugerir que pendure alho à volta do seu pescoço e que carregue uma cruz de madeira na sua mão, nas é útil estar atento para este tipo de trocas. Há formas de se proteger de ser "vampirizado" mas, primeiro, tem de se aperceber do que está a acontecer; sim, mais uma vez a nossa amiga "consciencialização".

Só lhe podem tirar energia se o permitir. Se optar por não o fazer, poderá proteger-se de muitas formas, por exemplo, imaginando que está rodeado de um campo de forças que não pode ser penetrado. Também poderia afastar-se da situação, o que não é sempre uma má opção; se existisse um verdadeiro vampiro à sua frente, o que faria? Assuma, provavelmente fugiria!

Ondas fortes

Algumas pessoas têm tanta energia que inundam os outros com ela. É maravilhoso quando alguém sente que quer descarregar toda a sua energia sobre si, porém, normalmente, não tem qualquer controlo sobre ela e, de forma caótica, espalha-a por todo o lado. Ao partilhar toda a energia em excesso connosco, podem sentir algum alívio, mas fazer com que nos sintamos "inundados". Estar com alguém que tem demasiada energia poderá ser quase como ganhar um milhão de canecas de cerveja: muito bom no início, mas onde é que as vai colocar?

Estar com alguém tipo "onda forte" poderá ser inspirador e entusiasmante, mas quem tem excesso de energia poderá fazer com que utilizemos grande parte da nossa, deixando-nos vazios de energia, como se tivéssemos estado demasiado perto de um "vampiro". A energia não é algo que possa ser armazenada ou destruída, por isso, se alguém liberta mais energia sobre si do que pode confortavelmente suportar, vai ter de encontrar uma forma de a utilizar.

Trocar energia em equilíbrio

Os Comunicadores de Sucesso apenas dão tanta energia quanto a pessoa com quem estão a pode suportar; e só recebem em troca a quantidade de energia com a qual são capazes de lidar.

Esteja atento ao facto de algumas pessoas necessitarem que reduza os níveis de energia dirigidos a elas, para se sentirem confortáveis; e outras podem ainda precisar que aumente os seus níveis de energia para interagirem consigo e para se envolverem no que está a fazer.

Permitir que a energia flua

É natural que a energia flua constantemente: quanto mais permitir que a energia flua entre si e as pessoas que se relacionam consigo, maior é o potencial de bem-estar que cria. Observe as formas como a energia se movimenta no planeta. A natureza armazena energia em porções relativamente pequenas, tais como a acumulação de gordura junto à pele de um animal antes do período de hibernação, ou as nozes para os esquilos comerem; e até no centro energético da terra a energia está em permanente circulação e, ocasionalmente, gera explosões que chegam à superfície. Esta é a forma natural de utilizar a sua energia: permitindo que flua ao longo da sua vida, dando e recebendo energia, gerindo-a de uma forma equilibrada e sensível, para que funcione para si e para as pessoas que se relacionam consigo.

> Utilize a sua energia para criar o tipo de relações e de vida que pretende.

Onde coloca a sua atenção será para onde a energia fluirá. Se concentrar a sua atenção nas dificuldades das suas relações e da sua vida, será para aí que a energia fluirá; se a sua atenção está concentrada nas relações amorosas e positivas, fluirá para aí. Assuma a missão de utilizar a sua energia para criar as relações e a vida que deseja.

Se direccionar a sua energia com grande enfoque e de forma clara, poderá ter de utilizar muito menos quantidade e, mesmo assim, cumprir o seu trabalho. Por vezes, pequenas quantidades de energia canalizadas para o sítio certo podem mover montanhas, enquanto elevadas quantidades de energia sem enfoque não moveriam nem uma pedra.

Sugestões para Comunicar com Sucesso:

1. Entre na filosofia da energia! Comece a consciencializar-se dos seus próprios níveis de energia em diferentes momentos e situações.

2. Esteja atento a quando lhe estão a tentar retirar energia ou quando estão a inundá-lo com uma "onda forte" com excesso de energia. Tome medidas para ser responsável pelos seus próprios níveis energéticos sem ser prejudicado pelos outros.

3. Lembre-se de que o universo está cheio de energia. Se precisar de mais, concentre-se, por uns momentos, na sua respiração e respire conscientemente inspirando alguma energia sob a forma de oxigénio, permitindo que se espalhe por todo o seu corpo.

4. Evite aumentar a sua energia pedindo-a, simplesmente, emprestada. Comer açúcar e ingerir cafeína são formas temporárias de pedir energia emprestada. Dão-lhe uma explosão de energia, mas acabará por ter uma falha pouco tempo depois.

Criar Empatia

"Empatia" é o catalisador da cooperação; consiste na capacidade de criar um relacionamento entre si e outra pessoa que lhe permite partilhar coisas em comum, manter uma conversa, trabalhar juntos, gostarem um do outro, constituírem família ou criarem grandes obras. Ser bom a criar empatia significa saber como lidar com as pessoas: compreender, ser autêntico e honesto, estar satisfeito com quem é e não julgar os outros.

Os benefícios de criar empatia

Ter empatia por alguém faz com que tudo o que possa fazer com essa pessoa corra melhor – flua – e faz com que seja possível seguir em frente com o mesmo tipo de diálogo.

Apesar da empatia ser algo que não pode ser forçado, teoricamente é possível criar empatia com alguém. Ou seja, por vezes, poderá conhecer quem resiste a criar empatia consigo; se assim for, terá de decidir em que momento deverá deixar de investir energia na relação e aceitar que fez tudo o que estava ao seu alcance, por agora.

Como criar empatia

Para desenvolver empatia tem de ser verdadeiro consigo próprio. Se não for o seu verdadeiro "eu", poderá ser difícil para os outros criarem empatia consigo, já que não sabem com que tipo de "eu" se estão a relacionar. Em conversas, utilize a palavra "sim" mais do que "não". Esse tipo de positivismo é excelente para criar empatia.

Um nível apropriado de sentido de humor pode também ser muito útil para aliviar as situações, mas tem de ter o cuidado de não recorrer ao humor à custa de outros, mesmo que seja de alguém que não está por perto. Se disser piadas sobre alguém que não está presente, a pessoa com quem está poderá, correctamente, assumir que também dirá piadas sobre ela quando não está por perto.

Para alimentar a empatia com alguém, evite quaisquer tentativas de parecer maior, melhor, mais impressionante do que realmente é, ou tentativas de dominar a conversa. Este tipo de comportamento tende a afastar os outros em vez de criar empatia.

Sugestões para Comunicar com Sucesso:

1. Quando está com alguém, mesmo num primeiro encontro, de que formas é que o seu comportamento, palavras ou forma de se exprimir a poderá afectar?

2. Faça uma lista das pessoas com quem tem empatia. Quais são as vantagens para as suas relações, resultado da empatia que criou com essas pessoa? Agora, pense em alguns dos benefícios possíveis que podem resultar da criação de maior empatia com quem tem pouco contacto no presente?

3. Observe a forma como as pessoas interagem umas com as outras e repare como é que constroem ou destroem a empatia devido à sua maneira de ser. Pense em casos que criam boas empatias. Como é que o fazem? Que tipo de comportamento é que o faz sentir-se confortável: sente que poderia utilizar a mesma camisola de equipa; partilhar visões comuns e que poderia trabalhar ou criar algo em comum?

O valor do encontro

Conhecer pessoas tem uma grande influência na forma como criamos oportunidades para trazer alegria, amor, prosperidade e sucesso às nossas vidas. A qualidade dos nossos encontros dita o nível de probabilidade de conquistarmos alegria, amor, prosperidade e sucesso. É por isso que os Comunicadores de Sucesso apreciam as alegrias e o sentido de oportunidade que o encontro gera: tentam trazer presença e valor para todas as reuniões e pessoas que conhecem.

O melhor tipo de encontro é aquele em que todos se sentem confortáveis por estarem na presença uns dos outros. É normal que uma pessoa "bem conhecida" esteja mais predisposta a dar-lhe o que pode do que uma pessoa "mal conhecida". Ajudar os outros a sentirem-se à vontade quando os conhece é, indiscutivelmente, a melhor forma de conviver, para si e para elas.

Primeiras Impressões

Pergunte-se:
- Que tipo de impressão deixa que conheça pela primeira vez?
- Que críticas, avaliações e pressupostos faz nas primeiras impressões?

Se fizer ou assumir algum tipo de julgamento, pressuposto, ideias preconcebidas ou fixas acerca das pessoas que conhece, cria uma barreira ao fluxo de oportunidades. Mesmo quando já conhece alguém antes, não pode ter a certeza de que essa pessoa se irá comportar da mesma forma. Poderão estar a acontecer mudanças nas suas vidas, que desconhece, que estão a influenciar os seus comportamentos, e da próxima vez isso poderá não acontecer.

Criar a melhor impressão não significa fingir ser alguém ou algo que não é. A forma de causar a melhor impressão é ser verdadeiro consigo próprio, ao mesmo tempo que está atento à presença da outra pessoa. Pense na impressão que a sua presença e linguagem corporal transmitem aos outros quando o conhecem pela primeira vez.

Formas de criar encontros positivos

Crie espaço: Para criar encontros positivos com alguém, dê-lhe espaço para que possa ser ela própria. Faça perguntas que lhe permitam compreendê-la e de gostar de partilhar coisas consigo.

Repare na resposta do seu corpo: De tempos a tempos, lembre-se do Terceiro poder (Confie no Seu Corpo) e verifique o seu corpo. Poderá querer sentir-se em paz e calmo por dentro. Sinta o seu corpo "aberto" para a outra pessoa, de forma a transmitir-lhe energia amigável ao longo da vossa conversa verbal. Lembre-se de que o seu corpo exterior também precisa de atenção. Verifique que tipo de conversa é que o seu corpo está a ter com o corpo da outra pessoa, para que o seu corpo esteja a dizer o que você quer que ele diga! Fazer com que o seu corpo pareça passivo e relaxado tem bons resultados na maioria das situações: manter um olhar calmo e presente, olhar para a outra pessoa, mas nunca de uma forma espantada ou ameaçadora.

Apertos de mão: Hoje em dia, no mundo ocidental, já não é tão comum dar apertos de mão durante encontros informais. Porém, podem ser muito interessantes porque lhe podem dizer muitas coisas sobre os outros.

Um aperto de mão frágil, como se fosse uma "folha de alface", poderá significar "sou tímido", "não estou verdadeiramente aqui", ou "não estou realmente interessado em ti". Um aperto de mão forte pode ser uma forma de tentar dominar e poderá querer dizer: "Sinta como sou forte e duro; consigo magoar a sua mão apesar de a minha boca estar a sorrir." Um aperto de mão muito rápido poderá querer dizer: "Não tenho muito tempo para si." Um aperto de mão no qual um dos dedos toca secretamente a palma da sua mão poderá querer dizer: "Encontramo-nos nas traseiras, perto do estacionamento das bicicletas", ou "Também é membro de uma sociedade secreta antiga só para homens?".

> Tenha como objectivo fazer com que quem conhece se sinta mais feliz do que estava antes de aparecer.

Como preparar-se para reuniões que o desafiam

Por vezes, suspeitamos que a reunião com determinada pessoa vai ser um desafio, mas não a podemos evitar, de qualquer forma, quer seja com o nosso parceiro ou esposa, com o gestor de conta, com um entrevistador para um emprego, com alguém que não conhecemos, com o seu chefe ou com o professor do nosso filho! Há formas de se preparar para estes encontros que o ajudarão a manter a calma, nomeadamente:

- Preste atenção às suas emoções assim que elas começarem a descontrolar-se, o que poderá acontecer quando bate à porta, ou mesmo um dia, uma semana ou meses antes! Independentemente da antecedência, quando começar a sentir-se mais nervoso oiça o seu interior, de forma a fazer com que as suas emoções acalmem. Lembre-se de que acalmar as suas emoções é mais fácil quando elas fluem gentilmente do que quando são mais fortes.

- Ser capaz de acalmar as suas emoções ajudá-lo-á a evitar reagir ou dizer algo desadequado ou impulsivo durante a reunião.

- Imagine um escudo invisível ou uma bolha defensiva à sua volta, que o protege de qualquer fúria ou ataque. Apesar de parecer estranha, esta técnica funciona. Não há nenhuma forma em particular de o fazer; limite-se a experimentar, até descobrir uma forma que funcione consigo.

- Utilize a sua linguagem corporal para acalmar as suas emoções, as quais também poderão acalmar a sua mente. Mantenha-se concentrado na parte inferior do estômago de forma a poder manter-se equilibrado e seguro. Sinta ambos os pés em contacto com o chão e pense neles como raízes que o seguram à terra.

- Mantenha-se calmo. Sente-se ou fique de pé numa posição que seja confortável para si, para que se possa manter nela durante a reunião; manter-se quieto transmite uma mensagem de poder pessoal às outras pessoas e a si próprio. Ondular o corpo ou passar o tempo a ajustar a sua posição é um óbvio sinal de desconforto.

- Permita que a outra pessoa fale na maior parte do tempo: lembre-se de que *"Em boca fechada não entram moscas!"* Deixe-as entrar o menos possível permitindo que o seu interlocutor fale o máximo possível. Quando falar, diga exactamente o que pretende dizer, para que o percebam. Evite falar precipitadamente, tenha cuidado com o seu tom de voz, inspire ar suficiente antes de falar e utilize frases como:

6 | Criar relações gratificantes (105)

- "Aceito que seja assim para si."
- "Julgo que podemos estar de acordo em discordar."
- "Tem razão nessa questão; provavelmente, está certo."
- "Para mim, é desta forma."
- "Lamento que pense dessa forma."

Sugestões para Comunicar com Sucesso:

1. Aproveite todas as interacções e encontros. Considere que cada encontro tem potencial: nunca se sabe quem, ou onde, a próxima fase incrível da sua vida surgirá.

2. Explore o que se passa consigo ao nível emocional, mental e físico quando está com diferentes pessoas.

3. Lembre-se de que os outros podem estar, pelo menos, tão inseguros na sua companhia quanto você, mesmo que aparentem estar autoconfiantes.

4. Trate todas as pessoas tal como gostaria que elas o tratassem a si.

Estar à vontade com estranhos

Já observámos como a nossa reacção quando encontramos outras pessoas pode influenciar profundamente as nossas experiências e relações. Agora, vamos explorar, utilizando as competências dos Comunicadores de Sucesso, a criação de relações gratificantes quando travamos conhecimento com quem não conhecemos.

A presença de estranhos abre-nos novas possibilidades; é normalmente através dos nossos encontros com pessoas que não conhecemos que as nossas vidas entram numa fase. Da mesma forma, também podemos estar a oferecer-lhes novas possibilidades para as suas vidas. O que é que acontece quando juntamos dois químicos que nunca tinham sido misturados antes? Bem, quem sabe... tudo é possível! Pode dar-se uma explosão cataclísmica, ou também poderá ser feita uma descoberta que liberta a humanidade de algumas das barreiras que a aprisionam.

Estar com pessoas que não conhecia poderá trazer todo o tipo de recompensas. Tudo o que tem de fazer é estar presente e manter-se aberto.

(106) Comunicar com Sucesso

Por muito confortável ou desconfortável que se sinta quando conhece estranhos, vale a pena relembrar que, todos somos seres humanos e que fazemos parte da mesma força de vida.

Pergunte-se:
- Quando conhece estranhos, sente-se desconfortável ou questiona-se sobre o que pensam sobre si?
- Alguma vez pensou que podem estar a sentir-se desconfortáveis e a questionar-se sobre o que está a pensar acerca deles?
- Consegue libertar-se completamente dos seus pensamentos, julgamentos e formação de opiniões quando conhece alguém pela primeira vez? Como é que isso poderá alterar os sentimentos desconfortáveis que tem?

Somos todos um só

Quando não conhecemos determinada pessoa, pode ser fácil imaginar que tem uma vida mais preenchida: tem mais sucesso, é mais inteligente, poderosa ou, geralmente, mais importante do que nós. No entanto, todos vimos a este mundo através do mesmo processo básico: um espermatozóide e um óvulo juntam-se, o embrião cresce no útero e nasce. O bebé é indefeso, chora, come, grita, vomita, suja fraldas, cresce, vive quantos anos lhe estiverem destinados e depois parte deste mundo quando o corpo morre. Este processo é igual para todos.

A partir do momento em que possamos estar com outras pessoas e reconhecer que são seres iguais a nós, podemos levar essa igualdade invisível ainda mais longe: podemos conhecê-las fazendo transparecer afecto, porque sabemos que fazemos todos parte da mesma força de vida, parte da mesma criação e que eles somos nós e nós eles (como será explorado no Décimo segundo poder).

Timidez

A timidez é universalmente comum, por isso, assim que se aperceber de que grande parte das pessoas sente timidez em certas situações, isso poderá não ser uma desvantagem. A verdade é que nos concentramos em crescimentos, por isso, se sentirmos timidez na companhia de certa pessoa e começarmos a concentrar-nos nela – que é o que normalmente fazemos

6 | Criar relações gratificantes (107)

– isso só piorará a situação! Em vez de se concentrar na sua timidez, é melhor concentrar-se em qualquer outra coisa, por exemplo, na outra pessoa. Se parar de pensar que deveria ser diferente, relaxar e ser quem é realmente – autocontrolado e em paz por dentro – a timidez desaparece.

Lembre-se de que algumas das pessoas que aparentam ser menos tímidas são normalmente as que o são mais. Quando era músico profissional, apercebi-me de que uma das formas como as pessoas lidam com a timidez e com a insegurança é ocultando-a, tornando-se actores e, desta forma, transformando-se no oposto de tímidas.

Sugestões para Comunicar com Sucesso:

1. Da próxima vez que estiver numa situação com estranhos, lembre-se de que podem estar a sentir-se tão inseguros quanto você. Aceite isso como um facto e repare no que acontece se tomar medidas para os fazer sentir mais à vontade. Concentre-se no estado interior do seu corpo; basta estar atento ao que está a fazer. Isto poderá ter efeitos milagrosos.

2. Pratique ser quem é, o que significa não fingir ser o que não é.

3. Dê espaço aos desconhecidos para se exprimirem: encoraje-os a falar sobre eles próprios e os seus interesses. Quanto mais interessante os achar, melhor para si.

4. Arranje formas de conhecer mais pessoas: fazem parte da corrente de humanidade que traz novidades à sua vida e o conduz para a próxima fase da sua vida.

Descobrimos como dar afecto, trocar energia e criar empatia são ingredientes fundamentais para criar relações gratificantes em todos os aspectos das nossas vidas: trabalho e lazer. À medida que utiliza estes ingredientes para ultrapassar as barreiras que tem em relação a outras pessoas, é importante lembrar-se de que cada pessoa é um milagre único, tal como veremos no Sétimo poder.

(7)
Sétimo poder: Colocar-se no lugar dos outros

Neste capítulo irá aprender:

- a compreender melhor o outro
- a saber aceitar as diferenças dos outros
- a reconhecer a unicidade de cada indivíduo

(110) Comunicar com Sucesso

Em vários dos meus *workshops* sobre cavalos, surgiram algumas situações onde o dono luta permanentemente contra o comportamento do animal. Recentemente, uma senhora com um belo "Appaloosa" (uma raça de cavalos, com pintas no corpo, originária da tribo de índios Nez Perce da América do Norte) queixava-se do facto de o cavalo saltar tanto que se tornava perigoso. Não parava de dizer: "Ele é um porco; odeio-o!" Ela tinha razão em relação aos saltos; quando pedi para fazer volteio à direita a galope, o animal começou a saltar como um cavalo selvagem. Revelou-me que estava a tentar resolver este problema há quase um ano e que até chegou a enviá-lo a um casal de treinadores, na esperança que conseguissem fazer com que se comportasse.

Os cavalos e as pessoas não são estúpidos; não fazem "asneiras" sem um motivo. O meu instinto dizia-me que a única forma de resolver esta questão era através das perguntas certas. A este pequeno "Appaloosa" gostaria de perguntar: o que o fazia saltar? Que experiências teve que fizeram com que reagisse aos pedidos com tamanha violência? Como não me iria responder por palavras, também precisava de me colocar no lugar dele, para chegar a alguma conclusão na minha investigação. Se estivesse no seu lugar, o que é que estaria a pensar, sentir ou querer para começar a saltar daquela forma?

Pedi à senhora para abrandar o ritmo e alternar entre andar a passo e parar. Isto era muito interessante porque, se prestássemos atenção, cada vez que parava, as patas traseiras deslocavam-se ligeiramente para a esquerda de forma a ficar inclinado. Depois pedi-lhe que o fizesse recuar, mas, em vez de andar para trás numa linha recta, desviava-se para a esquerda. Estava a ficar claro que este cavalo sentia desconforto numa das patas traseiras e, por isso, estava a protegê-la. Sempre que lhe pedia para fazer algo que exigisse esforço nessa pata, ele sentia dor.

Comunicava constantemente essa dor, mas não estava a ser "ouvido", por isso, sempre que lhe eram exigidos movimentos que magoassem verdadeiramente a pata, tal como o volteio à direita, ele "gritava", em reacção à dor, da única forma que sabia: saltando. Também demonstrava medo porque, quando saltava, era castigado pela sua desobediência; desta forma, estava em sofrimento e com medo.

Pedi ao cavalo para se manter parado, coloquei-me por detrás dele e não fiquei surpreendido por constatar que as suas ancas apresentavam configurações diferentes. Os músculos em torno da pata boa eram arredondados e fortes, enquanto os músculos da perna doente estavam atrofiados, flácidos e fracos. Mostrei-os à dona. Ela não sabia bem o que pensar ou sentir quando se apercebeu que o seu cavalo tinha estado a exprimir dor, e que ela a tinha interpretado como desobediência. Sentia-se embaraçada, aliviada e culpada pela forma como tinha vindo a tratar o seu animal.

Ao colocar-se na situação do cavalo por alguns momentos, foi fácil perceber porque é que ele se comportava daquela forma. Também podemos fazer isto com as pessoas. É muito frequente assumirmos que alguém está a ser "difícil" quando, na realidade, essa pessoa está em sofrimento ou com medo. Ao nos colocarmos no seu lugar, conseguimos ter uma nova percepção das coisas.

A senhora procurou ajuda médica para tratar o cavalo e também frequentou um programa complementar de fortalecimento. Passou a encarar as situações de outra forma, colocando-se sempre no lugar do cavalo e aceitando sempre o facto de ele estar a comunicar algo que ela precisava de "ouvir". Tanto o cavalo como a dona têm uma relação melhor e estão a dar-se bem. Na última vez que falámos confessou-me: "Gosto muito dele e agora nunca mais me zanguei."

> Os Comunicadores de Sucesso encaram as coisas do ponto de vista dos outros; "colocam-se no lugar dos outros" para serem mais compreensivos, criam maior empatia e proximidade com os outros.

Colocar-se na "pele" dos outros

Alguma vez se questionou porque é que alguém faz o que faz, diz o que diz ou acredita no que acredita? Coloque-se no lugar dessa pessoa e poderá começar a perceber... Independentemente do tempo que passa com uma pessoa ou do esforço que faz para a tentar compreender, é impossível saber realmente o que é ser a outra pessoa. Cada um de nós possui um conjunto único de experiências e formas diferentes de responder ao que nos acontece. Há muitos casos de relações que se mantiveram íntimas durante décadas e depois, subitamente, uma delas faz algo completamente impensável e surpreendente.

Não podemos ser a outra pessoa nem conhecê-la totalmente. O que podemos fazer é colocarmo-nos na "pele" dela de forma a criarmos maior empatia e a compreendermos melhor como vive a vida. Vestir a "pele" de outra pessoa pode ser útil em diversas situações: quando está em conflito, quando a ama, quando a quer motivar, quando pretende vender-lhe algo ou a tenta ajudar a melhorar e a aprender.

> Vestir a "pele" de outra pessoa pode dar-lhe uma nova perspectiva, compreensão, paixão, empatia e torná-lo mais afectuoso.

Colocar-se na "pele" do outro

Quantas vezes teve de lutar para assumir uma posição numa discussão ou desentendimento? A outra pessoa também luta pela sua posição e está tudo preparado para ambas despenderem muita energia em prol das suas opiniões, como se as suas vidas dependessem disso. É possível mudar toda a dinâmica se ambos os lados "assumirem" a "pele" do outro por um momento. Encare as coisas como o outro lado as vê, sinta como as sente e oiça o que está a ser dito através das suas ideias.

De repente, a discussão parece ser diferente. Quanto mais pedir para descrever como é que se sente e tenta compreender o seu ponto de vista, mais fácil é terminar a discussão. Isso não significa que concorde com ela ou que tenha de mudar as suas opiniões (o que poderá acabar por acontecer); mas, ao encarar as coisas do ponto de vista do outro lado, começa a compreendê-las. É como se quisesse abrir um nó apertado, mas primeiro visse os outros ângulos para perceber qual a melhor forma de o fazer.

Colocar-se no lugar do outro no decorrer de uma discussão, especialmente com alguém que lhe é próximo, requer muita coragem e compreensão. É ainda mais difícil se sentir que está a ser criticado ou atacado por alguma razão. Normalmente, o que aparenta ser uma crítica pessoal contra si não o é; e assim que se colocar na "pele" da outra pessoa, perceberá que não é nada pessoal.

Fazer amor

Consideremos agora outra situação mais agradável. Como é que a outra pessoa se sente em relação à forma como a beija, toca ou acaricia? Se fosse ela, se sentisse o que sente quando você a toca, beija, acaricia, provoca ou se unem, como é que seria? Como é que gostaria que fosse? Como é que poderá tornar o momento mais agradável ou interessante para ela?

Trocar de "pele" para conseguir apoio ou motivação

Se quiser conquistar o apoio de alguém, ou motivar essas pessoas para a sua causa, pode ser uma grande dor de cabeça colocar-se no lugar delas. O que é que as faria querer realmente caminhar mais uma milha por sua causa? Como é que o vêem a si nesta situação? Pensam que você tem os interesses delas no seu coração? Ao estar na pele delas, descobre formas através das quais elas podem obter vantagens da situação em causa, na qual combina as agendas delas com a sua e descobre formas de conquistar apoio e motivação.

Vender

Se pretende vender alguma coisa, pode ser uma grande ajuda compreender o que é que faz de si um potencial comprador. Ao colocar-se no lugar de um comprador, terá uma visão mais clara da razão por que podem vir a pensar que necessitam do seu produto. Também passará a saber mais acerca de como estão a responder ao seu incentivo de vendas e como é que poderia agir diferentemente, de forma a convencê-los a comprar.

Pele desagradável

Quanto mais se coloca na "pele" de outra pessoa e toma consciência de como ela pensa e sente, vê e ouve, maior empatia e compreensão terá. Mesmo colocar-se dentro de uma "pele" desagradável (metaforicamente falando) pode ajudá-lo a perceber porque é que alguém está a agir de forma inaceitável, tola, anti-social e que magoa. Isso não significa que concorde com o comportamento dessa pessoa, mas, pelo menos, compreende melhor o que a motiva.

História de Derek

Derek gostava da sua posição de gestão de topo num banco internacional. Era bem sucedido na sua capacidade de trabalho e muito eficaz na gestão e liderança das pessoas da sua equipa. Derek não tinha tanto sucesso na sua relação com a sua filha adolescente, fazendo com que se sentisse desconfortável, mesmo quando estava a trabalhar, interferindo na sua concentração, reduzindo a sua autoconfiança e fazendo com que se sentisse tenso grande parte do tempo que estava no escritório.

A situação piorou tanto que Derek e a sua filha já não comunicavam directamente: toda a comunicação acontecia através da sua mulher.

Quando Derek falou desta situação comigo, durante um *workshop*, estava claramente perturbado e, mais do que isso, quanto mais falava, mais compreendia a sua fúria acumulada. Uma das questões que mais o incomodava era o estado sujo e caótico do quarto da filha.

Perguntei-lhe como é que pensava que a sua filha se sentia nesta relação e como é que ela interpretaria as atitudes do pai e a forma como ele agia quando estava por perto.

Pareceu quase chocado com a pergunta: na realidade, nunca tinha pensado como seria para ela ou o que é que ela poderia pensar em relação à forma como ele a tratava. A sua resposta foi algo do género: "Bem, talvez ela se sinta mal amada e indesejada por mim e pense que nem sequer gosto dela. Deve-me ver como alguém autoritário e furioso com ela o tempo todo... isso explica muita coisa!"

Perguntei-lhe como é que poderia mudar a sua atitude para que ela se sentisse diferente em relação a ele e a sua resposta foi muito simples: "Bem, poderia encarar as coisas do seu ponto de vista e deixá-la ser como ela quer. Talvez deixar de ser o "Sr. Zangado", acho eu, se ela quiser viver num quarto desarrumado, é com ela; não tenho de lá viver!"

Nem precisei de saber se a relação de Derek com a sua filha tinha melhorado depois dessa sessão: deu-se uma mudança tão profunda no seu rosto, corpo, linguagem, energia e emoção no instante em que se colocou na pele dela, que tocou todos os presentes. Não havia dúvida de que a relação pai/filha tinha mudado daquele momento em diante, mesmo antes de estarem novamente juntos na mesma sala.

Uma terceira posição: vestir a pele de "uma mosca na parede" (não diga "argh")

Normalmente, vestimos a nossa própria pele. Se pensarmos, podemos tentar vestir a "pele" de outra pessoa. Uma terceira posição que podemos assumir é a de um observador externo, como se fosse uma "mosca na parede". Isto dá-nos um novo ângulo para ver as coisas; e é a posição mais objectiva onde nos podemos colocar. Não estou a sugerir que voe em torno da luz, nem que tenha um interesse pouco saudável em resíduos deixados no chão pelos cães; a "mosca na parede" será a metáfora de um observador que não participa no que está a acontecer; limita-se a observar. Esta é uma forma de ver o que está a acontecer entre si e os outros, sem tomar o partido de ninguém.

Claro que seria um milagre se conseguisse ver as coisas de um ponto de vista completamente objectivo: tudo o que pensa, diz ou faz é resultado de anos de condicionamento, porém, estar disposto a olhar para algo do lado de fora dá-lhe uma visão mais clara ou, se prefere, outro ângulo do qual observa o mesmo diamante.

A vantagem de assumir a terceira posição é o facto de ela poder libertar o seu pensamento e permitir-lhe criar novas soluções. Poderá ajudá-lo a libertá-lo de pensamentos a que está preso e a seguir em frente.

Intenções positivas

Por vezes, pode ser difícil acreditar mas, do ponto de vista das outras pessoas, tudo o que dizem ou fazem é motivado por intenções positivas. Por mais imprudentes que aparentem ser as intenções de determinada atitude, algures nas profundezas do cérebro está uma boa razão para o que se faz.

Claro que poderá, de todo, não parecer uma boa razão, porém, para as pessoas em causa, é uma razão benéfica para fazer ou dizer o que fazem ou dizem.

Se conseguir colocar-se na "pele" da outra pessoa para identificar a razão ou intenção positiva para o seu comportamento, terá dado um grande passo para compreender a humanidade. Assim que perceber o que está a fazer com que alguém actue de determinada forma, descobrir o que o faz porque acredita ser algo positivo, mais fácil será lidar com a situação.

É importante perceber que as intenções positivas são, na maior parte das vezes, inconscientes; são motivadas por uma intenção, da qual não estão na maior parte das vezes conscientes.

Um comportamento pode ser fácil de perceber, por exemplo, quando um bebé (ou um adulto) grita e atira os seus brinquedos para fora do carrinho, pode ter a intenção positiva de querer mais atenção e amor.

Por vezes, é ligeiramente mais difícil descobrir as intenções positivas quando alguém faz um comentário desagradável que faz com que se sinta pequeno, a intenção positiva poderá ser sentir-se mais importante, relevante e amado em relação aos outros.

Alguns comportamentos são muito difíceis de perceber em termos de intenções positivas, por exemplo, tornar-se um tirano sádico que convence as pessoas a transformarem-se em maníacos contra as pessoas dos países vizinhos. Quem o fez tem uma intenção positiva escondida algures, apesar de ser muito difícil de compreender e de acreditar.

Sugestões para Comunicar com Sucesso:

1. Tente colocar-se na pele dos outros numa discussão, especialmente quando estiver plenamente convencido de que o seu ponto de vista está correcto.

2. Procure as possíveis intenções positivas que estão por detrás do que as pessoas dizem ou fazem.

(116) Comunicar com Sucesso

3. Experimente ser uma "mosca na parede" a olhar para si próprio e para o seu interlocutor enquanto interage com ela.

4. Coloque-se na posição do outro quando está numa situação íntima, a beijar ou a fazer amor; entregue-se fisicamente à outra pessoa de forma a ter a percepção do que ela sente do ponto de vista dela. Dê o que gostaria de receber.

5. Coloque-se na "pele" do outro quando quer convencê-lo de uma ideia, ou a comprometer-se com algo: se conseguir descobrir o que ele quer e combinar isso com o que quer, terá como recompensa um grande sucesso.

Todas as pessoas são diferentes

Somos todos diferentes - é óbvio! Quantas vezes resistimos ao facto de que os outros pensam, têm comportamentos, falam ou acreditam em algo completamente diferente daquilo em que nós acreditamos? Podemos pensar que somos sempre aceites exactamente como somos e que aceitamos os outros como são, no entanto, se virmos melhor, rapidamente concluímos que é quase universal o facto de terem reservas, aborrecimentos, dúvidas ou críticas uns em relação aos outros.

É um grande poder aceitar totalmente alguém pela sua individualidade porque, quando aceitamos verdadeiramente os outros, todo o processo de comunicação fica mais transparente. Assim que o processo de comunicação se "abrir", tudo é possível, uma vez que foi criado espaço. Isto significa que não há resistência e que tudo está livre para fluir nas nossas interacções com os outros; tudo se torna possível. Os Comunicadores de Sucesso reconhecem, aceitam e deliciam-se com a unicidade de cada indivíduo, o que significa que estão atentos às suas características e têm-nas em mente quando comunicam. Numa relação amorosa, aceitar totalmente a outra pessoa significa que o amor é infinito, e a ternura e a intimidade podem fluir. Numa situação profissional, a aceitação total de outra pessoa dá espaço a todo o tipo de oportunidades de negócio e a serem criativos na forma como se manifestam.

Aceitar as nossas diferenças

Aceitar os outros como seres diferentes começa por aceitar que nós próprios somos diferentes. Pode ser algo difícil porque desde que nascemos somos programados para nos conformarmos. Desde os primeiros anos, somos influenciados para nos sentirmos desconfortáveis perante muitas situações de expressão da nossa individualidade. Particularmente situações na escola, podemos tentar arduamente integrar-nos na "multidão" e evitar estar fora do grupo. Quando nos conformamos ao grupo, destruímos a nossa individualidade. Fazemos isto a nós próprios e tentamos fazê-lo também com os outros: na escola quem não se enquadre no grupo é o primeiro alvo de perseguição e discriminação, só porque se atreve a expressar a sua "diferença".

> Os grandes líderes são, normalmente, aqueles que fazem coisas que os outros dizem que são impossíveis. Ao fazê-lo, atrevem-se a revelar a sua unicidade e diferença.

Na vida adulta, ainda somos pressionados para não revelarmos a nossa unicidade. No local de trabalho, tornamo-nos parte da cultura da empresa, seguimos a linha, "não levantamos ondas nem abanamos o barco". As empresas precisam de pensadores originais, mas a sua presença é normalmente desencorajada e, em certos casos, temida.

Pergunte-se:
- Se conseguisse expressar a sua unicidade como quisesse, em que é que poderia ser diferente do que é hoje?
- O que vestiria?
- O que diria?
- O que faria com o seu tempo?

Aceitar a unicidade

Quando aceita que alguém é diferente, estabelece contacto com uma maior abertura, o que significa que repara mais nela. Como resultado de lhe dar mais atenção, começa a comunicar mais tendo em vista conseguir melhores resultados para ambos os lados.

Pense em alguém com quem tenha uma relação íntima ou em alguém no trabalho e repare em que é diferente de si e quais são os pontos que acha que são difíceis de aceitar... se elas não possuíssem esses aspectos no carácter, certamente não seriam quem são hoje?

(118) Comunicar com Sucesso

A individualidade delas é uma das razões por que as conquistou para a sua vida e se é algo difícil de aceitar, saiba que trazem um presente para si: talvez seja a oportunidade de se desenvolver e aprender com elas. Assim que consiga aceitar totalmente alguém que considera desafiante e diferente em muitos aspectos, ela também há-de, miraculosamente, mudar, sair pacificamente da sua vida ou tornar-se mais íntima e próxima. Em qualquer dos casos, aceitar que outra pessoa é diferente significa que nunca perde!

Aprender com os outros

A individualidade de todas as pessoas na sua vida é uma enorme fonte de informação para si. Ao observar as pessoas à sua volta a comportarem-se de forma diferente da sua, poderá ver o que funciona e o que, realmente, não funciona!

Quando vê fazerem coisas que funcionam, poderá experimentar repeti-las para ver se consigo também funcionam. Da mesma forma, quando vê fazer coisas que só atrapalham, poderá evitar cometer os mesmos erros.

Sugestões para Comunicar com Sucesso:

1. Aceite a sua própria individualidade. A seguir, celebre a originalidade dos outros: descubra que as outras pessoas são fascinantes, divertidas, impressionantes, tristes, inspiradoras, profundas, inacreditáveis, incríveis e amorosas. Assim que começar a observá-las, ficará surpreendido!

2. Pense nas características que o tornam único e diferente de todas as outras pessoas que conhece. Se não conseguir pensar em nada, comece a explorar como seria se fosse livre de fazer as coisas exactamente como queria: como seria diferente dos outros se permitisse a si próprio sê-lo?

3. Pense em alguém que faz algo que considera aborrecido ou desafiante. Repare se se sente diferente se mudar a forma como encara o comportamento dele, em vez de o considerar irritante. Atribua-lhe um novo rótulo reconhecendo, simplesmente, que está a "expressar a sua unicidade".

4. Comece a observar os outros e veja como se expressam através das suas roupas. Mesmo quando se vestem de forma a parece-

rem semelhantes às outras, continuam a ter sinais de individualidade, por exemplo, jóias, estilo do cabelo, sapatos ou na forma como se apresentam "ao mundo".

5. Faça uma viagem a uma zona de casas uniformemente construídas. Repare como, apesar de todas serem construídas da mesma maneira, quem lá vive dá largas à imaginação para que a sua casa represente algo da sua unicidade e identidade, quer seja pela negligência, pela mini-versão do palácio de Hampton Court, pelo conjunto divertido de gnomos ou por adicionar um muro de pedra, grandes portões de entrada, um pórtico ou paredes!

Colocar-se na "pele" dos outros vai ajudá-lo a ver o mundo da perspectiva delas. É igualmente importante respeitar as fronteiras. Por vezes, pode parecer que as vossas diferenças são insuperáveis ou que o conflito é inevitável.

Nestas ocasiões, os Comunicadores de Sucesso recorrem às competências descritas no Oitavo poder.

(8)
Oitavo poder: Manter fronteiras saudáveis

Neste capítulo irá aprender:

- a estabelecer as fronteiras
- a evitar que controlem o seu espaço
- a saber lidar com o conflito

Era uma manhã de Outono tempestuosa em Exmoor. A chuva forte batia de lado e o vento soprava de sudoeste. Para evitar que os cavalos estivessem expostos a este temporal, alguns de nós conduzíamos dois cavalos pelo caminho de pedras abaixo na direcção ao abrigo da quinta. Os cavalos estavam muito excitados e agitados devido à chuva e ao vento.

Sem pensar nos cavalos, alguém tinha inocentemente deixado uma tábua de madeira na relva junto à berma do caminho. Os cavalos reparam em tudo e são muito desconfiados. Os animais que conduzia saltaram para o outro lado, longe da tábua. Olhei para trás, para ver a rapariga que me seguia com os seus dois cavalos a chegar perto da tábua, no instante em que ambos os cavalos saltaram por detrás dela, deitando-a ao chão como se ela fosse invisível.

Olhei, com horror, o momento em que os cavalos passavam por cima do corpo dela; pareceu uma eternidade, enquanto ela era arrastada pelo caminho de pedras, como uma boneca de trapos a ser pisada repetidamente por oito patas com ferraduras metálicas, e os cavalos tentando desesperadamente fugir do obstáculo que receavam. Para aumentar o pânico, e porque agora conseguiam sentir o corpo da rapariga debaixo das patas, perceberam que o objecto que temiam estava agora a tentar agarrar-lhes as pernas, o que só piorou a situação.

Após os cavalos terem desaparecido, ela ficou quieta por instantes e depois, por milagre, descobriu que se conseguia levantar. Porém, quando olhou para mim, vi um buraco do tamanho de uma moeda grande no centro da sua testa e tive a visão horrível de um osso amarelado do seu crânio exposto.

Para mim, este trágico acontecimento representou uma importante lição no que diz respeito ao estabelecimento de fronteiras. Um cavalo pesa cerca de meia tonelada e é muito mais forte e rápido do que um ser humano: por esse motivo, estabeleci uma fronteira, que mantenho desde esse dia, independentemente das circunstâncias com cavalos, que é o facto de manter os cavalos longe do espaço ocupado pelo meu corpo. Esta é uma fronteira não negociável. De facto, facilita as coisas para os cavalos porque não é questionável, não é flexível e não há momentos em que alivie o meu estado de alerta.

Os animais sabem que esta fronteira existe, o que os ajuda a saber como devem estar comigo. Se os dois cavalos envolvidos no acidente se mantivessem fora do espaço físico do corpo da rapariga, tê-la-iam evitado em vez de a terem deitado ao chão.

A rapariga levou pontos na testa e era a orgulhosa proprietária de nódoas negras em forma de ferradura, da cabeça aos pés. Porém, passadas algumas semanas de repouso e recuperação, ainda estava assustada, mas bem.

Quando fui ao campo ver os cavalos, eles normalmente aproximam-se e depois corremos e brincamos juntos. Sem a minha fronteira não negociável, correr livremente com um bando de cavalos poderia ser perigoso. Há ocasiões em que não é aconselhável brincar tão próximo deles: se estão com demasiada energia, se querem puxar fisicamente por mim ou entrar em conflito comigo, clara e gentilmente, mando-os para longe de mim para o estábulo para que se comportem dessa forma noutro lado.

Seria tão simples se estabelecêssemos e mantivéssemos fronteiras tão definidas com as pessoas, se lidássemos com o conflito e calmamente colocássemos alguma distância entre nós e os outros quando elas se comportam, a nosso ver, de forma errada. Os cavalos podem magoar-nos muito, mas as pessoas também nos podem magoar profundamente de várias formas.

Explorar as fronteiras

Os Comunicadores de Sucesso sabem que para criar relações com base na confiança e no respeito, têm de estabelecer fronteiras saudáveis. Também aceitam e toleram as fronteiras dos outros.

As fronteiras são como linhas criadas entre o que é aceitável, física, mental e emocionalmente, e o que não é aceitável. Não barricadas, nem paredes, mas representam uma forma razoável de dizer aos outros "isto é o que é aceitável para mim" e "isto não é".

Pense numa fronteira como se fosse uma membrana permeável (lembra-se das lições de biologia da escola?). As fronteiras funcionam como filtros; evitam comportamentos indesejados, mas permitem que comportamentos aceitáveis cheguem a nós. Por exemplo, podem filtrar a comunicação negativa, mas deixam passar as afectuosas.

Fronteiras e amor

Ao estabelecer fronteiras, isso não significa que não esteja a ser afectuoso; poderá continuar a sê-lo, mas também está a ajudar alguém a ver o tipo de comportamento mais adequado ou o que está a ir longe demais.

As fronteiras são uma forma gentil de levar alguém a comportar-se de determinada forma sempre que está junto de nós. As fronteiras ajudam os outros a reconhecer o seu lugar; o respeito e proximidade podem vir a seguir.

Nas relações mais íntimas, onde existe mais proximidade e conhecimento mútuo, é comum as fronteiras serem violadas (apesar desta parecer uma palavra forte!)

As relações onde não existem fronteiras são normalmente mais disfuncionais do que aquelas em que ambos os parceiros sabem qual é o seu lugar.

As fronteiras podem ser uma questão muito traiçoeira e são frequentemente desrespeitadas em váras situações das nossas vidas. As fronteiras podem estar relacionadas com comportamento, sensação de espaço pessoal, finanças, utilização do tempo, comportamento sexual, bebida e palavras que são ditas. Podem estar relacionadas com a forma como se exprime o amor e com a quantidade e tipo de trabalho que é aceitável para si. Podem ser bastante específicas, por exemplo a hora a que o seu filho adolescente tem de estar em casa à noite e em que volume pode ouvir a sua música horrenda, ou se o seu chefe lhe pode telefonar para casa num domingo de manhã.

Encontrar resistência às fronteiras

Muitos testam as suas fronteiras de diferentes formas. Nestes casos, tem de rapidamente controlar as suas emoções e saber onde é que estabeleceu a fronteira do que é aceitável. Assim que a pressão tenha desaparecido, poderá sempre rever as suas fronteiras e verificar se ainda são, ou não, apropriadas ou necessárias. Se permitir que alguém destrua as suas fronteiras, o mau sentimento resultante não o ajudará a si nem à outra pessoa... a não ser que o ajude a reagir mais rapidamente da próxima vez.

Quem se recusa a aceitar as suas fronteiras está a transmitir-lhe que não o respeitam a si enquanto indivíduo. Em relação a algumas pessoas, poderá ter de estabelecer as suas fronteiras de forma particularmente clara e empática. Fazê-lo sem implicar emoções negativas quando estabelece ou reafirma as suas fronteiras pode ser um desafio.

> É normal estabelecer fronteiras diferentes com pessoas diferentes na sua vida: se estabelecer as mesmas fronteiras com os seus colegas de trabalho e com o seu parceiro amoroso, o local de trabalho poderá, em breve, tornar-se um local muito confuso.

Quando estabelece novas fronteiras, quem não está habituado a elas pode reagir de forma a dificultar ou tornar as situações desconfortáveis para si. Podem tentar fazê-lo alterar ou apagar as suas novas fronteiras utilizando diferentes abordagens, desde a fúria à intimidação ou ao aumento da delicadeza. Esta fase é normalmente temporária, mas é necessário que esteja ciente dessas novas fronteiras.

As fronteiras são um direito humano

Algumas pessoas na sua vida, como as que são dominantes ou vulneráveis, ou aquelas com quem tem maior intimidade, podem dificultar-lhe a tarefa de acreditar que lhe é permitido estabelecer fronteiras ou dizer "não".

A pressão de um amigalhaço é uma forma muito comum de transgredirmos as nossas fronteiras: todos conhecemos comentários como "Vá lá, toma mais uma bebida, peso pluma", ou "Todos vão, também tens de vir. O que se passa contigo?".

Todos estabelecemos fronteiras ao nosso próprio nível: alguns toleram mais do que outros que se metam na nossa vida, outras toleram menos os comportamentos pouco decorosos. Pessoas cujas fronteiras tenham sido desrespeitadas algumas vezes reagem, muitas vezes, levantando fronteiras impenetráveis, como forma de defesa contra um ataque futuro. Podem sofrer problemas emocionais e mentais sérios, por terem sido alvo da falta de respeito que tiveram para consigo e por não terem respeitado as suas fronteiras.

> Se alguém está a esticar os limites das suas fronteiras, está só a confirmar que você precisa de manter essas fronteiras.

Ser consistente

Um dos poderes para manter as suas fronteiras saudáveis é comunicá-las aos outros de forma a que elas compreendam. Não é bom estabelecer as fronteiras, guardá-las para si próprio e depois não gostar quando elas são "violadas"; quem as ultrapassa não sabia que a fronteira existia até ser tarde demais. É determinante ser muito consistente se quer que as suas fronteiras funcionem: se eliminar e mudar as suas fronteiras em relação a alguém, essa pessoa não saberá onde elas estão e, ou ficará muito nervosa, ou deixará de o respeitar.

Apesar de as suas fronteiras só funcionarem se for consistente, isto não significa que tenham de ser gravadas numa pedra e que não possam ser alteradas quando as suas relações ou circunstâncias se alteram. As fronteiras devem fazer parte natural e saudável da vida diária, não devendo ser ignoradas ou ser-lhes dada demasiada importância...

> "Equilíbrio" é uma palavra-chave em relação às fronteiras. As fronteiras podem ajudar a manter o equilíbrio nas nossas vidas.

Lembre-se de que as fronteiras não estão apenas relacionadas com as interacções com outras pessoas. Também tem de estabelecer fronteiras para si próprio, em relação à forma como se comporta, como gere os seus desejos de divertimento, comida, bebida, ou sexo, o quanto trabalha, o que faz e quanto dinheiro gasta.

A História de David e Jan

David e Jan eram irmãos muito chegados. Infelizmente, a sua proximidade fazia com que David pensasse que podia dizer tudo o que queria a Jan e que ela deveria, simplesmente, aceitar, tal como sempre fez; pelo menos, durante os primeiros sessenta e três anos de vida juntos! Claramente, David e Jan não faziam ideia da necessidade de estabelecer barreiras de respeito entre eles. Provavelmente, não necessitavam de barreiras enquanto crianças que cresceram tão próximas uma da outra, mas agora, enquanto adultos de sessenta anos, estavam em perigo de se perderem de vez.

Quando Jan falou comigo, estava muito aborrecida com alguns comentários muito íntimos que David fez sobre o marido dela e uma das suas filhas. Jan e a sua família tinham sido convidadas a passar o Natal com a família de David, mas, devido ao seu comportamento, ela já não queria ir. No entanto, sentia que não podia dizer "não" por receio de o ofender ou porque ele a poderia "atacar" se ela explicasse como se sentia. A única solução, segundo ela, era separarem-se definitivamente e nunca mais terem qualquer tipo de contacto, na esperança de que tudo passasse; à semelhança de uma avestruz que esconde a cabeça na areia.

Pedi-lhe para pensar no que queria fazer em relação ao Natal e qual seria a situação mais confortável para ela. Disse-me que não lhe apetecia visitar o David, por isso, sugeri que ela lhe telefonasse e recusasse o convite, mas que o fizesse saber que estava magoada pelo que tinha dito de forma totalmente calma e sem envolvimento emocional. Para o conseguir, sugeri que ela esperasse o tempo que fosse preciso até se acalmar por dentro e, enquanto fazia o telefonema, se concentrasse constantemente nessa calma. Como tinha medo que o seu irmão a "atacasse", sugeri que, quando lhe falasse, dissesse calmamente o que queria dizer e depois transmitisse que não achava apropriado discutir mais com ele naquele momento.

Jan respirou profundamente e fez o telefonema à minha frente. Estava calma, concentrada, não foi muito emotiva; apresentou os factos e evitou a atribuição de culpas; foi brilhante! Jan tinha estabelecido a sua primeira fronteira saudável em relação ao irmão após sessenta e três anos, durante os quais se sentiu o saco de boxe que ele mais gostava. Que alívio! A reacção de David foi de arrependimento, surpresa, pedido de desculpa e algumas lágrimas: provavelmente, nunca se tinha apercebido de que os seus comentários desagradáveis magoavam a irmã que ele tanto amava. David esteve algumas semanas sem dar notícias após o telefonema de Jan, para recuperar o seu equilíbrio. Jan controlou os nervos e, finalmente, começaram a comunicar de novo, desta vez com respeito e fronteiras definidas, como Jan merecia.

Sugestões para Comunicar com Sucesso:

1. Pense nas barreiras que definiu em relação a quem ama. Essas fronteiras funcionam, ou tem de as mudar ou reforçar? Experimente estabelecer novas barreiras em relação a questões menores, por exemplo, quem faz o café de manhã, etc.

2. Explore quais as fronteiras que poderá ter de estabelecer para si próprio. Tenha em conta as áreas que definiu que tivessem menos barreiras e pergunte a si próprio quais são as necessidades subjacentes que têm de ser satisfeitas para que essas áreas continuem controladas. Por exemplo, comer demais pode ser uma forma de satisfazer a sua necessidade de se sentir mais amado. Ter um desejo sexual descontrolado pode ser uma

forma de satisfazer a sua necessidade de se sentir mais amado. Ou gastar muito dinheiro quando vai às compras pode ser uma forma de satisfazer a necessidade de – já adivinhou – sentir-se mais amado... Há aqui algum padrão?

3. Comece a definir pequenas barreiras se necessitar. Mas tenha em consideração que se não está habituado a definir fronteiras, poderá ser desafiante, de início, fazê-lo sem ficar emocionalmente envolvido. Por exemplo, poderá sentir-se ligeiramente agressivo e nervoso.

Espaço pessoal

Ter fronteiras saudáveis inclui a necessidade de conhecer o seu próprio espaço, o que é algo interessante: alguma vez esteve numa praia cheia, no Verão, à procura de um espaço de areia livre para se "estender"?

Pense na forma como as pessoas na praia se espalharam e como é que definiram essas áreas territoriais temporárias. O que o faz andar pela praia, carregando a sua merenda, toalhas, protector solar, bola, prancha de surf, etc. e rejeitando alguns espaços? Finalmente... o que o faz escolher determinado espaço?

É um fenómeno semelhante a caminhar numa rua comercial cheia de gente. Não é surpreendente como raramente as pessoas vão de encontro umas às outras? Quando alguém vai contra si e quebra aquela lei não formal dos centros comerciais cheios de gente: "Não ir de encontro a ninguém", você sente-se afrontado, mostra-se indignado ou pede imediatamente desculpa. Afinal, todos conseguimos dizer intuitivamente qual o espaço pessoal que é certo para nós.

> Os Comunicadores de Sucesso estão conscientes do seu espaço pessoal e do espaço pessoal que pertence aos outros. Mostram respeito mantendo uma distância apropriada e confortável em cada situação e em relação a cada indivíduo.

O seu espaço pessoal

O que é que o seu espaço pessoal significa para si? Talvez seja uma zona segura à sua volta ou uma espécie de "pele" invisível. A sociedade concordou em definir o espaço pessoal, mas para além dessas linhas de orientação, cada um sabe qual é o espaço de que necessita para se sentir confortável. Dependendo do tipo de pessoa com quem está, a percepção em relação à quantidade de espaço pessoal necessário muda. Para muitos poderá ser óptimo deixá-las entrar no seu espaço pessoal... desde que ambas se sintam confortáveis, esta pode ser uma forma subtil de trocar energia e amor.

Ao reparar nos sinais transmitidos pela linguagem corporal e pela atitude de determinada pessoa, incluindo estranhos, normalmente sabemos qual a distância que tem de ser mantida entre nós. Infelizmente, algumas das viagens de comboio e de avião podem resultar em ter de estar mais próximo do espaço pessoal de outra pessoa do que gostaria!

A minha história

Tive um instrutor de condução que gostava de colocar os dois braços na parte de trás dos bancos e aproximava demasiado a sua cara para falar enquanto eu conduzia. Era muito desconfortável; era Verão, a pobre criatura tinha um considerável O. C.* e mau hálito... Aprendi a conduzir com a cabeça de fora da janela e isto acabou por ser um incentivo para passar no meu teste de condução na primeira vez.

Utilizar o espaço físico

Pode utilizar a sua percepção de espaço pessoal e o local onde se coloca fisicamente em relação às outras pessoas para comunicar com elas. Por exemplo, manter-se bem longe de alguém, poderá querer dizer que não tem a certeza ou que está à espera de o conhecer melhor antes de se aproximar. Alguns podem invadir o seu espaço pessoal para parecerem intimidativos ou dominadores, quase como se o estivessem a ameaçar para conquistarem o seu lugar no mundo.

Paradoxalmente, estar perto do espaço físico de alguém pode ser uma forma de partilhar intimidade e carinho; tudo depende de como é feito e com quem!

O ângulo em que coloca o seu corpo também tem efeito no que comunica com os outros. Se estiver em pé, virado de frente para outra pessoa, isso significa que está totalmente interessado nela. Esta posição também

---

* **N.T**. O. C. significa "odor corporal". No original: B. O., ou seja, "body odor".

pode ser utilizada como "posição dominante". Se mantiver o corpo com um ligeiro ângulo de afastamento, ela pode sentir-se mais confortável, mas poderá pensar que não tem a sua total atenção.

Sugestões para Comunicar com Sucesso:

1. Repare nas distâncias em que se sente confortável quando fala com diferentes pessoas. Note os sinais subliminares que lhe dizem para se manter mais perto ou mais longe delas.

2. Observe a forma como os outros se posicionam em relação a si. Da próxima vez que estiver numa fila, repare como consegue sentir a presença de quem está ao seu lado, e de que forma é, ou não, desagradável quando ela está demasiado perto de si.

3. Esteja atento sempre que alguém ocupa o seu espaço físico para ser dominante ou intimidatório. Assim que se aperceber de que está a fazer isto, deixa de ter poder sobre si; pode, simplesmente, rir-se com isso!

Quem controla a situação

Ter boas fronteiras e respeito pelo espaço pessoal são ingredientes importantes nas relações saudáveis. Mas já vimos que existem áreas onde alguns tentam controlar e dominar. Dar ordens é algo que existe naturalmente entre muitas espécies de animais; e a raça humana não é excepção. Infelizmente, há áreas de interacção humana nas quais o controlo e domínio são pouco saudáveis e indesejados.

Os Comunicadores de Sucesso identificam padrões de controlo desnecessários, domínio ou subserviência quando eles ocorrem e evitam ser conduzidos por eles; em vez disso, optam por manter as fronteiras e encaram cada um como um ser igual.

Domínio e insegurança

Quem é mais controlador e dominador são, normalmente, as pessoas mais inseguras. Se alguém está a tentar controlá-lo ou dominá-lo, ao compreender o comportamento dessa pessoa, perceberá que está, provavelmente, a ser conduzido pelo medo e desiquilibrio pessoal. O seu comportamento poderá ser uma tentativa de compensar aspectos do carácter em relação aos quais sente medo, carências ou dúvidas pessoais.

O nosso temido ego humano faz com que queiramos controlar os outros e os acontecimentos de forma a fazer com que a vida pareça mais segura e confortável e para nos protegermos de uma (muitas vezes imaginária) dor ou morte. Estes factores que motivam o ego são inconscientes, mas podem ter uma grande influência no comportamento.

> O nosso temível ego faz com que acreditemos que só se pudermos controlar os eventos – e, em particular, os outros – é que estaremos seguros. Mas esta é uma ilusão de enormes proporções.

Controlo e domínio em casa

Praticamente todos aceitamos entrar em jogos de controlo, domínio, subserviência ou submissão nalguma área das nossas vidas, se não na sua maioria. Em muitas relações íntimas, quando duas pessoas vivem muito perto uma da outra, é "normal" controlar e dominar os jogos. Um parceiro pode recorrer a um tom intimidativo para conseguir fazer as coisas à sua maneira; o outro pode diminuir as demonstrações de afecto, intimidade e sexo para conseguir o que quer; outro, ainda, poderá fazer o papel de vítima fraca e indefesa para ganhar o controlo sobre o seu parceiro. O controlo pode ser uma questão muito dúbia e nas relações quem aparenta ser incrivelmente submisso pode ser, na realidade, o parceiro dominante, já que poderá estar a utilizar meios subtis de manipular o parceiro.

Controlo e domínio no trabalho

Há muitos tipos de situações de domínio e controlo no local de trabalho. A sua posição define, até certo ponto, o seu *status* em relação a quem está "acima" e "abaixo" de si. Estar numa posição de autoridade não significa que haja necessidade de controlar ou dominar: é possível ser um líder de sucesso sem revelar padrões de controlo e domínio doentios.

Ser um líder, sem agitar o "grande ponteiro do comando e controlo", é um tema importante nas organizações actuais, uma vez que é uma competência difícil de definir.

Para conhecer a diferença entre os verdadeiros e os maus líderes oiça os comentários feitos pelos seus seguidores. As pessoas consideram os verdadeiros líderes inspiradores e motivadores, encorajando-os a darem o seu melhor. Os maus líderes não provocam o mesmo entusiasmo. Com quem é que gostaria mais de trabalhar?

> Ser um líder de sucesso (ou uma pessoa com autoridade) não implica que se seja controlador ou dominador.

Há quem considere difícil impor a sua autoridade sobre os outros. Para evitar prejudicar a sua popularidade ou relações com os seus colaboradores, muitos não assumem o papel de liderança que deveriam, optando por serem ineficientes. Sê-lo não é o contrário de ser controlador ou dominador e ser um líder ou pessoa num cargo de autoridade não significa necessariamente que está a controlar. Não tenha receio de utilizar a sua autoridade como e quando for necessário por medo de deixarem de gostar de si, caso contrário, o controlado é você!

Predadores e presas

Há quem sinta a necessidade de viver a vida como um grande "predador": fazem-no para conquistarem o que pretendem e para dominarem os outros. Claro que os "predadores" só podem ser bem sucedidos se houver quem esteja disposto a agir como "presa".

Predadores

São, normalmente, agressivos, demasiado fortes, armados com "dentes e garras" (sim, tive um professor na escola assim), esfomeados e egoístas. O lado positivo dos perfis dos predadores é o facto de garantirem que as coisas são feitas, assumem riscos, são corajosos, tenazes e "vão à luta".

Presas

São tímidas e temerosas. Deixam-se influenciar e têm falta de ambição e focalização, procuram sempre momentos calmos em que possam levar a sua vida em frente sem serem "comidas"! O lado positivo dos perfis das presas é o facto de se darem bem com os outros, não agitarem o barco, serem calmas e consistentes e não o matarem a si!

8 | Manter fronteiras saudáveis (133)

Pergunte-se:
- Em que papel se enquadra mais, no de predador ou no de presa?
- Em que situações age como um predador?
- Em que situações age como uma presa?

Sugestões para Comunicar com Sucesso:

1. Explore áreas das suas relações em que age de forma dominante e controladora; não apenas de forma óbvia como um predador, mas de formas mais subtis, como uma cobra. Pergunte a si próprio o que é que o faz sentir medo ou insegurança e o que o leva a agir desta forma.

2. Observe as suas relações e quando permite que os outros o dominem ou controlem. Isto pode acontecer de uma forma muito subtil; poderá ter de estar muito atento. Para cada caso, elabore uma lista de três passos simples que possa dar para restaurar o equilíbrio.

3. Lembre-se de que uma pessoa só pode realmente dominá-lo se o permitir. Mesmo se conseguir que faça algo, não poderão dominar o seu espaço interior se não lhes der essa oportunidade. Experimente tornar-se transparente em situações que possa ser dominada em vez de entrar em confronto com o dominador.

4. Durante um curto período, deixe de controlar uma área da sua vida na qual costuma ser bastante controlador. Pode ser em casa, no quarto, num clube ou sociedade, ou no local de trabalho. Veja como se sente ao libertar-se do controlo; veja onde o leva.

5. Se está numa posição de autoridade, experimente formas de expressar o seu poder positivamente. Lembre-se de que o seu estado interior é o que mais afecta os outros: assegure-se de que não carrega a sua autoridade com uma carga emocional negativa.

Conflito

Apesar de terem fronteiras respeitáveis e de estarem conscientes do controlo e domínio, os Comunicadores de Sucesso sabem que o conflito faz parte da vida. Não evitam o conflito quando é inevitável, mas fazem o que podem para minimizar o prejuízo que provoca na sua vida, na dos outros e no Universo. Seria um caso único se nunca experimentasse algum tipo de conflito em determinado momento da sua vida. É provável que mesmo os mais "iluminados" experimentem momentos de conflito nas suas vidas.

O que queremos dizer com conflito?

Conflito é o que acontece quando as pessoas têm visões opostas e quando cada um dos lados defende que aquilo em que acredita é o que está certo. Conflito é uma parte natural da vida: dos pássaros, dos cães, dos cavalos, das pessoas e até as pulgas educadas o fazem! É natural, de tempos a tempos, termos pontos de vista e planos diferentes em relação aos que nos rodeiam: independentemente de ser impecável, há sempre a hipótese de alguém conseguir entrar em conflito consigo sobre algo e em algum momento da sua vida.

> O conflito não é o problema. O que interessa é a forma como lida com ele.

O conflito tanto pode ser uma experiência interna como externa. Tanto pode estar em "luta" consigo próprio por causa de um determinado assunto como em desacordo com uma ou outra pessoa.

Os benefícios do conflito

Já que o conflito parece ser natural, podemos assumir que tem algum benefício ou valor associados. O conflito, quando é expresso de forma saudável, pode acalmar o ambiente, libertar a tensão e mostrar o caminho para seguir em frente. Pode obrigar-nos a descobrir novos recursos e poderá ser um ponto de partida para a construção de algo mais forte, nomeadamente uma relação mais consistente. Uma árvore que é abanada pelo vento terá, em resultado, raízes e ramos mais fortes. (Porém, demasiado vento impedirá o seu crescimento e atirará os frutos para o chão antes de amadurecerem.)

Muitas das descobertas e avanços na ciência mais rápidos e úteis ocorreram como resultado do conflito internacional. A nível pessoal, quando somos afectados por um conflito, podemos descobrir recursos extra, novas forças e competências dentro de nós.

O conflito numa relação íntima pode ser um sinal muito positivo: pelo menos, a outra pessoa sente-se confortável, segura e com poder suficiente na relação consigo para se expressar livremente!

As desvantagens do conflito

Apesar de ser possível defender que o conflito tem objectivos positivos, poderá facilmente tornar-se destrutivo e desagradável se não for orientado com cuidado, respeito e delicadeza. O conflito utiliza energia valiosa e pode causar a separação entre as pessoas. Poder ser odioso e prejudicial, alimentando a desconfiança e o ódio e causando danos duradouros.

Opções:

Como o conflito faz parte da vida humana, tem várias opções para lidar com ele:

1. Pode simplesmente evitá-lo ou aprender com ele (infelizmente, evitar ou aprender com o conflito poderá limitar o seu progresso ao longo da vida e, normalmente, tem uma forma de o atingir de novo ao longo dessa linha).
2. Pode deixar que o afecte permanentemente (o que não é ideal).
3. Pode aprender a lidar com o conflito com competência e coragem, tal como lidaria com qualquer animal potencialmente perigoso... "Sim, agora isso parece interessante!"

Lembre-se de que a maioria das pessoas é muito sensível e fácil de magoar. Tal como com um animal ferido, é mais difícil argumentar com alguém que está magoado.

Vinte e uma ideias para lidar com o conflito:

1. Apresente o seu ponto de vista de uma forma transparente e mantenha as suas emoções de lado: não seja dominado pela fúria. Analise as suas emoções e esteja consciente delas.

(136) Comunicar com Sucesso

2. Procure formas de seguir em frente com o processo e resolvê-lo com o mínimo de danos causados a si próprio, aos seus oponentes e a toda a envolvente.

3. Tenha cautela com o seu desejo exagerado de ter de estar bem. Não se trata de identificar o que está certo ou errado na situação; de facto, todas as partes podem estar certas, dependendo do ponto de vista. Pergunte a si próprio: como é que poderei comportar-me de forma diferente nesta situação para ajudar a encontrar uma solução?

4. Limite-se a lidar com o presente e evite desenterrar o passado.

5. Olhe para um caminho em frente, em vez de andar em círculos.

6. Mantenha-se sossegado e tranquilo.

7. Coloque-se no lugar da outra pessoa. Identifique as origens das opiniões, sentimentos ou pontos de vista que tenham. Pare de se analisar internamente e saia da "pele" do seu interlocutor para passar a ser uma "mosca na parede" inteligente. Como é ouvir as coisas do lado de fora do conflito?

8. Silenciosamente, projecte um sentido de amor incondicional em direcção ao seu "oponente" através de fogo cruzado. Veja como isto altera a dinâmica, especialmente se existe muito ódio e fúria no ar.

9. Evite fazer comentários pessoais ou insultuosos.

10. Poderá ter de "concordar para discordar". Esta é, provavelmente, a solução mais razoável em muitos casos. A verdade é que ambos os casos têm um ponto de vista no qual acreditam; caso contrário, não estariam em conflito. Aceite o facto de ambos verem as coisas de maneira diferente.

11. Evite marcar pontos. O conflito é muito "caro" para ser um desporto; poderá custar mais do que o dinheiro pode comprar.

12. Veja o que acontece se você disser simplesmente, "Bem, poderá ter razão." Ora, esse poderá ser um passo muito corajoso!

8 | Manter fronteiras saudáveis (137)

13. Lidar com pessoas que o desafiam pode exigir que lhes dê tempo para encontrarem o seu equilíbrio: essas pessoas trazem, normalmente, grandes recompensas e dádivas com elas, desde que tenha a força, o amor e a paciência para lidar com elas.

14. Tenha a certeza de que compreende exactamente o que os seus oponentes querem dizer e que eles compreendem exactamente o que quer dizer. Grande parte do conflito é desnecessariamente provocado por uma comunicação pobre ou pela falta de compreensão da mensagem da outra pessoa.

15. Saiba que, por mais louca que seja uma acção ou crença de alguém, há sempre uma "intenção positiva" subjacente (veja Sétimo poder). Pergunte a si próprio "qual é a intenção positiva por detrás desta postura?".

16. Lembre-se de que não é vergonha fugir de um conflito no qual o oponente é mais forte do que você e lhe pode causar muitos danos.

17. Não há qualquer honra envolvida em lutar "até à morte" desnecessariamente com alguém acerca de determinado assunto. Seja nobre e descubra uma solução que não envolva criar um campeão absoluto, caso contrário, poderá ter criado animosidade que o prejudicará mais tarde.

18. Defina como objectivo importante preservar a relação e manter boa vontade com a outra parte envolvida no conflito. Se encontrar uma solução que preservou, ou mesmo fortaleceu a relação, então ambas as partes saem vencedoras.

19. Se não se sente emocionalmente capaz de lidar com algo, seja justo com o seu interlocutor, comprometendo-se a conversar mais tarde, marcando uma determinada hora, noutro dia. Caso contrário, deixá-lo-á "pendurado".

20. Quando está a falar com alguém para resolver um conflito, fale com o seu coração: não planeie muito o que vai dizer, mas permita que as palavras saiam de dentro de si. Deixe-se ser guiado e ir na corrente.

21. Curar desavenças entre as pessoas é como curar lesões: poderá exigir tempo e cuidado, o que significa tratar a ferida com delicadeza até que fique mais forte, e evitando sobrecarregá-la com emoções como a impaciência ou a fúria.

Sugestões para Comunicar com Sucesso:

1. Aceite que o conflito faz parte da vida. Faça tudo o que for possível para evitar totalmente o conflito, mas, cuidado, não se torne avesso ao conflito já que esta não é uma forma honesta de se relacionar (eu sei, porque já o fiz!).

2. Procure o benefício de qualquer conflito e conseguirá mudar a dinâmica da situação.

3. Veja como os outros gerem os seus conflitos: observe o "estilo de conflito" dos outros e depois avalie o seu. Pergunte-se como é que poderia alterar a sua abordagem ao conflito para que fosse menos doloroso e mais produtivo para si e para os seus oponentes.

4. Deixe-me desejar-lhe boa sorte!

Afinal, de quem são as "confusões"?

O conflito surge e as fronteiras saudáveis ficam menos claras quando as "confusões" das pessoas vêm ao de cima. O que normalmente acontece quando duas ou mais pessoas se juntam é o facto de a "bagagem que ambas carregam" vir à superfície.

Estamos a falar de bagagem emocional; refugos que aparecem no caminho, complicações e questões pessoais, padrões que podem causar dificuldades, crenças limitativas, etc. Não é necessariamente fácil identificarmos "as nossas confusões" e, individualmente, admitirmos que existem.

Os Comunicadores de Sucesso estão conscientes da necessidade de reconhecer quem está a trazer "as confusões" para a conversa ou para a relação e tentam assumir a responsabilidade pela sua própria "bagagem". Podemos viver de forma razoavelmente simples com a nossa "bagagem", desde que não nos envolvamos com qualquer outra pessoa; porém, se surge outra pessoa – especialmente nas relações mais íntimas – as nossas "confusões" vêm ao de cima e as dificuldades aparecem. Normalmente, quando duas ou mais pessoas juntam as suas "bagagens", estas podem-se misturar: poderá ser difícil identificar de quem é o quê, já que, o que fazemos inconscientemente, é tentar atribuir as nossas "confusões" à outra pessoa através de todo o tipo de meios subtis.

Este tipo de confrontação poderá causar mal-estar e este jogo de negação inconsciente, ou de fingimento de que as nossas "confusões" são de outro, na esperança de não sermos descobertos e termos de assumir a responsabilidade por isso! Os Comunicadores de Sucesso reconhecem a "bagagem" dos outros e optam por lidar com ela com sensatez em vez de se aborrecerem com ela.

> Por isso, a questão é: "Afinal de quem são estas 'confusões'?"
> E, outra questão tem de ser: "Quais são as minhas 'confusões' e onde é que as herdei?"
> Poderá ainda perguntar: "Como é que assumo responsabilidade pelas minhas 'confusões' e não pelas dos outros?"

Toxinas emocionais e mentais

Se tivéssemos o corpo repleto de toxinas, isso inibiria o nosso desempenho físico, da mesma forma que a inclusão de "confusões" emocionais e mentais inibe a nossa possibilidade de viver uma vida fluida. Por vezes, podemos ser levados à inactividade pela inclusão de toxinas emocionais e mentais que se formaram desde que estávamos no útero materno. Reconhecer que temos toxinas emocionais e mentais e que elas nos impedem de realizar todo o nosso potencial, é o primeiro passo para nos livrarmos delas. Podemos ter carregado algumas "confusões" no nosso sistema durante tanto tempo que nos habituámos a elas e acreditamos que "somos assim", ou que se trata de algo que faz parte de nós.

Se se sentir que as suas emoções estão a aumentar, ou o seu corpo está a sentir alguma alteração, saberá que está a trazer as suas "confusões" para a situação em que se encontra. Assim que souber que essa "bagagem" é sua, poderá começar a identificar a que não lhe pertence. Se se sentir "carregado" numa situação em particular, pode perguntar a si próprio a quem pertencem essas "confusões": a si ou à outra pessoa? Provavelmente, a ambos! Também vale a pena reconhecer que se alguém

(140) Comunicar com Sucesso

está a ser demasiado crítico, está normalmente a ser motivado pelas suas próprias "confusões"... Lembre-se de que se está aborrecido por serem críticos consigo, o problema é seu! Poderá ser necessária bastante honestidade e coragem para admitir que é a sua "bagagem" no contexto da relação, já que culpar os outros parece ser sempre mais fácil!

O que está a motivá-lo?

Pensamos que somos homens e mulheres livres e que vivemos numa sociedade livre. Mas somos realmente livres? Estamos realmente a escolher livremente como é que somos e o que sentimos em cada novo momento, ou somos influenciados por ligações invisíveis que nos prendem ao que pensamos que deveríamos estar a fazer ou que nos amarram ao passado? A verdade é que, a não ser que vivamos totalmente no momento presente, sem pensamentos em relação ao passado, nem nenhum aspecto do nosso carácter definido pelo passado, de facto estamos presos a ele e, por isso, não somos inteiramente livres. Todos temos padrões do passado: padrões de comportamento, formas de pensar, ideias e receios que nos foram incutidos, sobretudo por outros, que também não são livres!

Estes padrões obstrutivos são uma importante fonte das "confusões". Um exemplo deste padrão poderá ser o facto de termos medo de cães toda a vida porque fomos mordidos por um quando tínhamos dois anos de idade. Os exemplos são infindáveis, bem como a quantidade de "confusões" que juntamos ao longo dos anos.

No que respeita à Comunicação de Sucesso, a importância de reconhecer as suas "confusões" prende-se com o facto de assim se clarificar a forma como comunica de forma efectiva e mais facilmente com os outros. Isto porque se coloca numa posição de assumir a responsabilidade pela sua vida e, consequentemente, evitar prejudicar as suas relações.

Ao estar consciente daquilo que faz com que tenha emoções desconfortáveis ou a sentir desgaste físico, ilumina as fontes do seu desconforto. Assim que esta luz está presente, fica livre de ser influenciado por determinado padrão porque agora pode vê-lo. À medida que identifica os padrões limitativos e se liberta deles, torna-se mais fácil reconhecer as "confusões" que não são suas quando está com outra pessoa. Em contrapartida, isto significa que não cairá na armadilha de assumir as "confusões" da outra pessoa como suas, o que poderá ser uma grande ajuda para tornar a sua comunicação mais clara e válida.

Então, de quem são as "confusões"?

Imagine que está numa situação que o estão a desafiar e que o outro lado parece não estar a cooperar. Aliás, pensa mesmo que você não tem razão! Mas você tem a certeza de que ela está em falta e que você poderá mesmo começar a tornar-se emotivo – magoado ou aborrecido – por causa disso. O mesmo se passa do outro lado. Então, de quem são as "confusões"?

Bem, a forma como se sente são "confusões" suas; a forma como ela se sente são "confusões" dela. Ninguém tem o monopólio da verdade. A sua verdade está certa: para si! A verdade dela está igualmente certa: para ela. Isso pode ser difícil de aceitar.

Pergunte-se:
- Alguém está a tentar atribuir as "confusões" a si dizendo "você fez isto" ou "você fez aquilo" ou "a culpa é sua" ou "foi você que fez com que eles se sentissem assim?" Os outros tentarão atribuir todo o tipo de padrões de culpa a si se não forem capazes de fazer com que assuma as "confusões" deles. Cuidado com alguém que tenta fazê-lo sentir-se culpado por não assumir as "confusões" dele.

Se percebeu que se tratam de "confusões" de outra pessoa, poderá ser melhor não lhe dizer nada. Poderá estar a assumir um risco ao dizer o que quer que seja, já que o outro lado poderá não reagir bem se dissermos "Mas isso são as tuas 'confusões'!". (Acredite em mim, já cometi este erro!). A forma mais diplomática é reconhecer isso, mas guardá-lo para si próprio.

Sugestões para Comunicar com Sucesso:

1. Comece a perceber quando um comentário ou acção de outra pessoa tem um efeito emocional negativo em si. Identifique se são as suas "confusões" que o estão a fazer-se sentir dessa forma. Se não houve nada dentro de si que reagiu ao que o outro disse ou fez, então passará despercebido.

2. Quando reparar que as suas "confusões" estão a vir ao de cima, avalie-as internamente e identifique os seus sentimentos.

Ao fazê-lo, terá alterado a dinâmica e a influência que exercem sobre si.

3. Esteja atento quando os outros tentam torná-lo responsável pela forma como eles se sentem. Poderá ser bastante complicado não aceitar essa responsabilidade, especialmente em relação a alguém de quem gosta.

4. Evite atribuir culpas, estabelecer rótulos ou julgar, a si próprio ou a qualquer outra pessoa, por ter "confusões": quem não as tem não será mais do que um anjo vivo e, hoje em dia, já não vemos muitos desses por aí!

5. Ria-se das suas "confusões": da próxima vez que reconhecer determinado padrão que já tinha identificado em si anteriormente, dê uma gargalhada.

6. Tenha compaixão em relação a alguém que vê que está preso pelas "confusões" dele; é uma forma de se aperceber de que todos estamos no mesmo barco, de uma forma ou de outra.

Comportamento difícil ou desagradável

Por vezes, os seres humanos fazem coisas difíceis ou loucas, devido ao *stress*, a modelos de referência desapropriados, para controlar os outros, para esconder os próprios medos, para atrair atenção, em desespero, fúria, frustração, falta de concentração, necessidade de afecto e aprovação, passagem por mudanças ou, por nenhuma razão aparente, agimos fora daquilo que caracteriza o nosso carácter.

O comportamento difícil e desagradável surge de todas as "formas e tamanhos" e pode ter um efeito irritante sobre si ou pode ser uma ameaça de morte, já que pode passar de ser apenas petulante a ser homicida. Poderíamos continuar a listar formas através das quais os humanos se tornam difíceis e se comportam deploravelmente; a nossa espécie é tão criativa neste tipo de coisas, numa escala individual e global.

As relações pessoais são uma área muito fértil para os comportamentos difíceis se desenvolverem. Talvez porque as pessoas se sentem amadas e seguras e, por isso, mais à vontade para se exprimirem!

> Os Comunicadores de Sucesso sabem que uma pessoa não é o seu comportamento, por isso, mantêm a isenção e gostam dela para além do seu comportamento.

- Existem pessoas na sua vida com comportamentos difíceis ou pouco agradáveis? Sente-se a caminhar sobre "cascas de ovos" quando fala ou diz alguma coisa perto delas?

- Como se sente quando se comportam deploravelmente? Repare no que acontece dentro de si quando alguém próximo tem um comportamento complicado.

- O comportamento dele aparentaria ser desagradável para alguém numa posição diferente da sua? O comportamento dele também pareceria desagradável no ponto de vista das outras pessoas?

- Pergunte-se: o que está a tentar alcançar ou comunicar através deste comportamento que o desafia? Pode ser fácil compreender o comportamento de alguém se compreender os seus motivos para agir dessa forma.

Lidar com o comportamento difícil ou pouco agradável dos outros

Se tiver hipótese, dê espaço à pessoa para ser desagradável e permita-lhe sentir as consequências do seu comportamento. Coloque-se numa posição em que sente as consequências deste tipo de comportamento o mínimo possível. Poderá ter de estar afastado durante algum tempo; todos temos momentos de loucura, por isso, defina o nível de loucura da outra pessoa que consegue tolerar.

> Espere o inesperado; mesmo pessoas que conhece bem podem ser imprevisíveis.

Vale a pena recordar que, por vezes, pessoas que estão a ser difíceis ou desagradáveis estão completamente inconscientes disso. Se as tornar conscientes de modo a que elas percebam, poderá verificar que estão arrependidas por se aperceberem da forma como se têm comportado ou como o têm afectado.

Evite "resgatá-las" ou ser diferente daquilo que é na esperança de que deixem de fazer o que fazem (a não ser que o faça temporariamente até estar fora de perigo). Se alterar o seu comportamento e elas se aperceberem disso, descobrirão formas de o controlar que, quase de certeza, utilizarão de novo. Mantenha-se o mais concentrado e calmo possível: responda, mas não reaja. Subtilmente, dê-lhes amor, apesar da situação ser complicada.

Se puder, pergunte à pessoa o que é que está realmente a aborrecê-la. Dê-lhe espaço e oportunidade de exprimir a sua dor sem qualquer crítica ou reacção. Acima de tudo, continue a gostar dela para além do seu comportamento e lembre-se de que uma pessoa não é um comportamento.

Lidar com o seu próprio comportamento difícil ou desagradável

Já alguma vez se apercebeu de que está a ter um comportamento difícil ou desagradável? Quem ou o que é que o levou a isso? Em que momento percebeu que o comportamento se tinha sobreposto a si, que não tinha mais controlo sobre si e que um "fantasma" o tinha possuído?

Consegue exorcizar o "fantasma" antes dele provocar danos irreparáveis nas suas relações importantes? Ou seja, nas relações consigo, com os entes queridos, com os outros e com o universo?

> Esteja atento às suas emoções e repare nos pequenos sinais que o seu corpo, mente e sentimentos lhe enviam.

Lembre-se de que é mais fácil evitar ser superado pelas emoções quando elas ainda são pequenas e silenciosas: assim que aumentam ao ponto de o dominarem, então estão no lugar do condutor.

Sugestões para Comunicar com Sucesso:

1. Sente-se na cadeira imaginária do psiquiatra e pense na sua infância: que tipo de comportamentos difíceis ou desagradáveis aconteceram na sua casa quando era pequeno? Explore esta questão. É a sua referência.

2. Pense em formas de comportamento que dificultam a sua vida e a das pessoas na sua vida (seja honesto; ninguém é santo).

Pense sobre o que influencia estes comportamentos em si: o que é que quer, mas que não está a obter?

3. Analise o seu próprio comportamento difícil: se conseguir, deixe a sua fúria de lado de forma menos penosa. Explore novas formas de lidar com a zanga, tente recorrer a meditação ou ioga, que podem dissolver muita energia negativa.

Manter barreiras saudáveis e lidar com o conflito eficazmente pode ser muitas vezes difícil, porém, as retribuições em termos de qualidade de vida e de afecto são imensuráveis. Felizmente, ser um Comunicador de Sucesso não se trata apenas de lidar com as dificuldades, mas, sobretudo, criar alegria aproveitando fantásticos níveis de carinho e de comunicação com os outros seres humanos. Também se trata de criar equilíbrio para si, de inspirar os outros e de se relacionar com o Universo infinito e tudo aquilo que ele tem para partilhar consigo. *Comunicar com Sucesso* tem muitas recompensas, como veremos na Terceira Parte.

(parte III)
Comunicar com o Universo

(9)
Nono Poder: Conciliar trabalho, vida pessoal, sexo e dinheiro

Neste capítulo irá aprender:

- a recuperar de estados de instabilidade
- a valorizar os momentos íntimos na sua relação
- a saber relacionar-se com o seu dinheiro

Os cavalos árabes são muito admirados pela sua beleza e inteligência e também são conhecidos pela sua incrível energia e capacidade de trabalho. No início da minha carreira a trabalhar com cavalos, fui abençoado por ter a mais bela égua árabe, com a qual passei quase todo o dia, todos os dias, durante dois anos. Ensinou-me muito sobre comunicar com sensatez. O seu pêlo, cor de avelã, brilhava ao sol quando galopava como o vento. A sua crina e cauda voavam alto e era uma companheira afectuosa e fiel.

Infelizmente, no início, estava tão desejoso de trabalhar com cavalos e de aprender o máximo que pudesse sobre esta arte que, mais do que uma vez, abusei demasiado e perdi a noção. Normalmente, seria eu a sofrer alguma dor, pressão ou desgosto como resultado dos meus esforços desmedidos e demasiado zelosos, porém, não fui o único a sofrer e, ao me aperceber que a minha distracção causou sofrimento a outro, foi uma das verdades mais duras e difíceis de aceitar.

Dia sim, dia não, podia montar esta égua árabe velozmente pelos campos abertos e selvagens. Ela aguentava horas, nunca se cansava e terminava o dia fresca e em forma como quando tínhamos começado. Foi para isso que tinha nascido e sido criada. Mas, entretanto, comecei a interessar-me por treinar os cavalos com técnicas de alta escola e fiquei quase obcecado. Comecei a ensinar à minha égua árabe muitos dos exigentes movimentos de ginástica que este tipo de treino requer, por mais pobre ou impreciso que fosse o meu conhecimento. Fiquei tão absorvido pelo meu trabalho a treinar este cavalo que, numa manhã, fui recolhê-la ao campo e ela estava tão coxa que quase não se conseguia mexer. A minha preciosa égua árabe estava magoada, fiquei destroçado. Normalmente, quando um cavalo está coxo, é relativamente fácil dizer qual a perna que lhe dói mas, neste caso, parecia que todo o cavalo estava magoado. O cirurgião veterinário olhou para ela e disse-me que bem podia aproveitar para ela ter uma cria porque iria precisar de um ano de descanso. "Um ano de descanso?"

Comecei-me a preocupar com um pensamento, que me custava a admitir tê-lo: "seria o culpado por ela estar assim devido ao que tinha vindo a fazer?". Parecia que tinha funcionado como um espelho para mim, mostrando-me o que acontece quando perdemos o equilíbrio no nosso trabalho; e a prova à frente dos meus olhos foi o facto de ela estar a sofrer devido à minha distracção. À medida que a situação evoluiu, tive uma espécie de amnistia de sorte, apesar de estar determinado a não deixar passar a lição em branco. Já que ela ia precisar de um ano de descanso, pedi ao ferreiro que lhe retirasse as ferraduras das patas. Enquanto ele o fazia, perguntou-me se eu já tinha pensado em ir a um qualificado quiroprático de equinos como

9 | Conciliar trabalho, vida pessoal, sexo e dinheiro (151)

último recurso antes de "desistir" dela por um ano. A terapia quiroprática fez com que a égua voltasse ao treino em poucas semanas e, ao recomeçar com o meu trabalho com ela daí em diante, tive sempre em mente a ideia de trabalho e de divertimento equilibrado.

Devido à falta de equilíbrio nas nossas vidas, por vezes sofremos e, por vezes, os nossos entes queridos e outras pessoas com grande significado para nós sofrem. Nesta situação, foi a minha preciosa égua árabe que sofreu.

> Os Comunicadores de Sucesso conhecem os benefícios de ter todos os aspectos da sua vida equilibrados: estão comprometidos para se concentrarem neles próprios e a perceber quando é que precisam de se reequilibrar.

O nosso estado natural é equilibrado, quando tudo o resto está bem: estamos concentrados e focalizados, por isso, tudo o que fazemos faz sentido. Apesar disso, é raro estarmos realmente em equilíbrio perfeito. Há tantas formas de estarmos em desequilíbrio na vida que é comum passarmos grande parte do nosso tempo assim. Estamos em desequilíbrio quando as nossas emoções estão instáveis, quando as situações não se resolvem facilmente, quando o trabalho nos está a cansar, quando as dificuldades da vida nos fazem sentir desconfortáveis ou quando andamos distraídos com outras coisas.

O nosso equilíbrio também pode ser abalado pelas boas coisas da vida, como apaixonarmo-nos, ganharmos dinheiro ou termos uns momentos de loucura. Se permitirmos que estas influências nos levem longe demais, poderá ser muito difícil endireitarmo-nos de novo, uma vez que quanto mais estivermos em desequilíbrio, mais difícil é voltar a concentrar-se. Quanto mais cedo corrigirmos o "piloto automático" de volta ao centro, mais facilmente viveremos a vida.

> O equilíbrio pode ser perdido se exagerarmos ao tentar mantê-lo, quer seja a trabalhar, a sentir, a pensar ou a insistir demasiadamente nele.

A Influência dos outros

Podemos ser destabilizados quando os outros dizem intencionalmente algo que nos faz reagir. Podem dizer coisas para nos controlar, para as ajudarmos ou para preenchermos a necessidade de atenção ou de amor que têm. Quando nos desequilibram provocam o efeito que querem, que é precisamente o que procuram. Por vezes, somos desequilibrados pelos outros devido a eles terem intenção disso, talvez por pedirem muito e por nós sentirmos que devemos ajudar, esforçamo-nos demasiado.

A nossa própria influência

Não são apenas as influências do exterior que nos podem fazer perder o equilíbrio. Sujeitamo-nos a grandes desejos e a altos e baixos emocionais tais como a culpa, o medo, a frustração ou o pensamento obsessivo. Normalmente exercitamo-nos demasiado, exigimos demais do nosso corpo ou ingerimos comida, bebida ou drogas desapropriadas.

Não é um acto egoísta estar preocupado em manter o nosso próprio equilíbrio: os seus esforços para se manter em equilíbrio são um acto muito generoso em relação aos outros porque, quando está em equilíbrio, pode dar mais amor e apoio, já que não está a utilizar a sua valiosa energia para lidar com a sua própria ausência de equilíbrio.

Estar viciado na instabilidade

Bizarramente, podemos ficar viciados em situações instáveis. Isso dá-nos algo para ficarmos obcecados e criarmos o nosso próprio drama. Dá-nos assunto para falar com os outros e é uma forma de atrair a atenção e o apoio de quem está próximo. Se estamos aborrecidos ou sob pressão numa relação, uma dificuldade de saúde ou profissional, ou se alguém fez algo que nos aborreceu, podemos realmente ficar desequilibrados.

Se notar que faz isto: boa, já reparou. Isso significa que pode escolher uma forma mais saudável de seguir em frente, quer seja para se manter na instabilidade porque isso o beneficia quer seja para encontrar uma situação de equilíbrio e assumir a responsabilidade pelas suas próprias necessidades.

> Quem vive em equilibrio pode ajudar os outros porque a sua energia é livre e honesta.

Se identificar que alguém próximo de si está frequentemente a atravessar fases de instabilidade parecendo que beneficia do facto, chamar a atenção para isso poderá não ajudar. Seja afectuoso e empático, sem entrar no drama dele e dando-lhe energia e atenção. Dê-lhe apoio, mas evite carregar as suas "confusões".

Recuperar o seu equilíbrio

Viver a vida de uma forma inteligente tem a ver com fazer quase uma série constante de pequenas (por vezes, grandes) adaptações que nos fazem recuperar o equilíbrio. É desta forma que, inconscientemente, conduzimos um "carro na direcção de uma estrada": através de pequenos reajustamentos sucessivos no volante. Como condutores em aprendizagem, reagimos demasiado tarde e depois temos de fazer adaptações mais conscientes, mais tarde; mas enquanto condutores experientes, mantemos a orientação e fazemos pequenos desvios a toda a hora.

A lista abaixo destaca algumas das áreas onde pode perder a estabilidade e sugere formas de recuperar o equilíbrio:

Emoções: Esteja atento às suas emoções. Se conseguir estar consciente do que se está a passar tem menos hipóteses de perder o seu equilíbrio. Mantenha-se assim e continue a controlar as suas emoções.

Pensamentos: Esteja consciente de quando pensa compulsivamente sobre algo e a sua mente não pode/não irá deixar de pensar nisso. Mais uma vez, ao perceber o que está a passar-se consigo recuperará o seu equilíbrio.

Linguagem corporal: Escute o seu corpo: se estiver cansado, descanse. Se estiver com fome ou com sede, dê-lhe comida ou bebida. Se reagir mal a algo (como ao excesso de álcool, chocolate, café, exercício, ar fresco, excesso de fumo, trabalho, etc.) evite expô-lo ao que não consegue suportar. Se tem excesso de energia, deixe-a sair! Corra, brinque e dance: gaste a sua energia (idealmente, de forma a ser agradável e socialmente aceitável!). A doença significa normalmente que o seu corpo lhe está a pedir para recuperar o equilíbrio; provavelmente, tem vindo a sussurrar-lhe essa mesma mensagem há já algum tempo, mas não foi ouvido.

"Dar mais dentadas do que consegue mastigar": Por vezes, a vida faz-nos lidar com uma situação mais complicada e o nosso equilíbrio desaparece. Há alturas em que entramos desnecessariamente em situações ou relações mais difíceis, mas mesmo assim somos capazes de lidar com, e de manter, o nosso equilíbrio.

(154) Comunicar com Sucesso

Passos para recuperar a estabilidade:

1. Mantenha-se consciente em relação ao que está a acontecer na sua mente, emoções e corpo.

2. Se possível, vá para algum sítio calmo ou esteja sozinho. Mantenha o seu corpo realmente calmo e sossegado: é uma excelente forma de iniciar o processo de equilíbrio. Deixe o seu corpo indicar o caminho para a calma e permita que as suas emoções e a sua mente sigam o exemplo do seu corpo.

3. Poderá ajudar fazer um intervalo ou colocar algum espaço entre si e o que quer que esteja a ameaçar o seu equilíbrio, quer seja uma pessoa quer seja uma situação.

4. Não há razão para *tentar* forçar-se a si próprio a recuperar o equilíbrio. Estar em equilíbrio é o seu estado natural. Esteja calmo, controle a sua respiração, dê a si próprio espaço e espere... *permita* que o seu equilíbrio natural regresse.

Divertimento, divertimento, divertimento

Tal como o equilíbrio, o divertimento faz parte da vida, mas por vezes esquecemo-nos dele. O divertimento é uma excelente ferramenta para o reequilíbrio, ajudando a libertar a acumulação de "energias pesadas" geradas para satisfazer as exigências dos nossos estilos de vida. O divertimento é comum aos animais, mesmo em adultos, especialmente os mamíferos. Cães de guarda, gatos, cavalos e mesmo gado: a partir do momento em que as suas necessidades básicas estão satisfeitas, todos se divertem e adicionam tempos de lazer às "agendas" dos seus biorritmos.

Divertir-se é uma óptima maneira de reviver a criança divertida que tem dentro de si. Reconhecer a criança que temos dentro de nós e deixá-la brincar ajuda-nos a perspectivar as nossas vidas. Partilhar o divertimento com os outros é uma excelente forma de criar ou intensificar as relações. Rir em conjunto e partilhar as partes mais agradáveis da vida com alguém é muito terapêutico e uma excelente forma de reduzir barreiras interpessoais.

9 | Conciliar trabalho, vida pessoal, sexo e dinheiro (155)

Algumas perguntas sobre o divertimento:

- Todos temos as nossas próprias ideias sobre o que é o divertimento: qual é a sua ideia de divertimento?
  Seja honesto consigo próprio sobre o que significa o divertimento para si.

- O que é que considera formas aceitáveis de se divertir?
  Escolha a que seja melhor e que não prejudique os outros!

- Que tipo de coisas divertidas experimentaria se tivesse oportunidade ou se arriscasse?
  Nos próximos seis meses, faça alguma coisa divertida, que gostaria mas que nunca tenha feito antes.

- Pode divertir-se em demasiado?
  Pode dizer que divertimento nunca é demais. Essa pode ser uma excelente atitude na vida, porém, se a necessidade de divertimento se torna um vício, como qualquer outra coisa, poderá ser uma fonte de instabilidade.

- Tem receio do que os outros pensam?
  Os nossos julgamentos em relação ao que poderia ser encarado como uma actividade frívola ou infantil pode terminar o divertimento. Note que se não está a divertir-se como gostaria por causa dos outros – ou de si próprio – poderá pensar: vá em frente, faça-o e sinta-se fortalecido por não se preocupar se parece um tonto ou não!

Sugestões para Comunicar com Sucesso:

1. Da próxima vez que sentir um daqueles (provavelmente) momentos raros de estar totalmente em equilíbrio, faça uma pausa e avalie-o. Valorize-o, aceite-o, envolva-se e torne-se familiar com ele, para que seja capaz de o repetir outras vezes.

2. Crie uma lista de cinco pessoas ou situações que o podem "desequilibrar" facilmente. Utilize-a para o ajudar a estar preparado e concentrado quando estiver novamente nessa companhia ou nessa situação.

(156) Comunicar com Sucesso

3. Reserve momentos para se reequilibrar através de uma pausa, descansando e divertindo-se. Pode ser durante trinta minutos por dia, um dia por semana, uma semana por ano – o tempo que for necessário.

4. Evite fazer demasiado de qualquer coisa: trabalho, preocupar-se, pensar, comer, andar na montanha-russa emocional, dar e não receber, etc.

5. Nos próximos seis meses, faça algo que o divirta e que nunca tenha feito, mas que há muito tinha vontade de fazer.

Sexo

Sexo é uma das formas mais profundas e maravilhosas de comunicarmos e trocarmos energias. É uma forma natural e eficaz de libertar energia, readquirir o equilíbrio, relacionar-se com outra pessoa e divertir-se em simultâneo. Ao contrário da maioria das espécies, foi dado aos seres humanos o privilégio do sexo sem ser apenas para procriação, mas também para se divertirem e se relacionarem uns com os outros.

Sexo é uma questão emotiva, mas é também uma força poderosa interior. Já que é uma força tão poderosa, muitas religiões e sociedades sentiram a necessidade de controlá-lo e de lhe dar algum carácter tabu. Infelizmente, este tipo de controlo cultural em relação a algo que é uma forma muito instintiva e natural criou muito medo, culpa e desconforto. Apesar disso, continua tão popular como sempre (engraçado!) e continua a trazer a tão necessária intimidade para a nossa vida.

O sexo pode ser reduzido a uma actividade funcional física, mas, no seu melhor, pode ser uma das formas mais gratificantes de comunicar com outra pessoa. Poucos discordam de que sexo, no contexto de um relacionamento amoroso e íntimo, é mais compensador do que simples sexo.

Vamos falar de sexo

Como sexo pode ser um assunto tabu, embaraçante ou desconfortável de abordar, muitos nem sempre falam nas suas necessidades de uma forma directa e compreensiva. Como resultado, podem continuar a sentir-se decepcionadas com as suas vidas sexuais. Começar a falar de um assunto como sexo é normalmente a parte mais complicada. Quando você e o seu parceiro(a) souberem que é seguro e certo comunicar abertamente sobre este

9 | Conciliar trabalho, vida pessoal, sexo e dinheiro (157)

assunto, serão capazes de seguir em frente juntos para novas experiências. É mais eficaz comunicar com o seu parceiro(a) através de respostas positivas. Lembre-se de que sexo é uma área muito sensível para a maioria das pessoas, por isso, elas poder-se-ão sentir muito vulneráveis a *feedback* negativo ou a críticas.

A maioria das pessoas quer agradar; precisam apenas de alguma ajuda e encorajamento para descobrir. Claro que alguns são mais receptivos e aprendem mais depressa do que outros, por isso, não fique impaciente se o seu treino ou orientação não tiver resultados imediatos. Se a forma como está a comunicar não está a funcionar, procure formas diferentes de apresentar a mesma ideia.

Pergunte-se:
- Que sinais transmite acerca de si próprio, sexualmente, através da sua linguagem corporal, daquilo que é e das coisa que diz? Como é que acha que os outros interpretam os sinais que dá?
- Que expectativas tem em relação ao sexo? São realistas?
- Sexo causa-lhe desconforto devido ao receio de perder o controlo de si próprio e dos seus sentimentos? Isso deve-se ao facto de as sensações serem irresistíveis, o que significa que a outra pessoa pode ter assumido o controlo sobre si?
- Numa relação, o que é que comunica a si próprio ou ao seu parceiro(a) que poderá não estar a ajudá-los sexualmente? De que forma poderá comunicar positivamente a si próprio ou ao seu parceiro(a)?

A comunicação através do sexo pode acontecer a muitos níveis. Envolver todo o seu "eu" – corpo, mente e alma – quando faz amor com o seu parceiro(a), ajudá-los-á a ambos a atingirem níveis muito superiores de ligação e intimidade.

Para envolver todo o seu corpo, concentre-se nas diferentes sensações que tem nas diversas partes do seu corpo: repare no que sente, simultaneamente, nas suas pernas, pés, cabeça ou mãos enquanto faz amor. Permita que esta consciencialização o leve mais a fundo nas experiências pelas quais o seu corpo o conduz. Para envolver totalmente o seu parceiro(a), toque, não só no seu corpo, mas, em particular, na sua cabeça, rosto e cabelo. As pessoas vivem, sobretudo, pelas suas "cabeças" e sentem que é aí que estão, por isso, comunicar com a sua "cabeça" poderá ajudá-las a sentir que está "pessoalmente" a prestar-lhes atenção.

> Torne-se sensível ao tempo e ao modo: trabalhe a favor da natureza da sexualidade e não contra ela.

Para se relacionar com o seu amado(a) a um nível mais profundo, olhe para os seus olhos enquanto faz amor. Lembre-se de que os olhos são o espelho da alma e que isto poderá intensificar o sentido de união que ambos sentem.

Esteja presente: isto significa estar a par de tudo o que está a acontecer consigo, entre os dois e à vossa volta. Significa ignorar outros pensamentos e pôr de lado todas as fantasias acerca de estar com outra pessoa ou em qualquer outro lugar. Quando abandona toda a interferência mental e está totalmente presente no momento, abre a possibilidade de uma experiência de comunicação muito mais rica para si próprio e para o seu parceiro(a).

Sugestões para Comunicar com Sucesso:

1. Divirta-se! Explore o sexo como uma forma de experimentar uma grande variedade de relações físicas, mentais, espirituais e de divertimento com outro ser humano.

2. Coloque a si próprio questões honestas sobre o que o sexo significa para si e de onde vêm essas definições.

3. Ganhe coragem e comece a descobrir formas de ter conversas honestas e abertas acerca de sexo. Pergunte o que quer de forma a facilitar ao seu parceiro(a) a resposta.

4. Comece a treinar com o seu parceiro(a), dando-lhe orientação positiva: imagine que é um projecto de longo prazo.

O nosso dinheiro

Tal como com sexo, o dinheiro é uma área das nossas vidas que pode ter uma grande influência no nosso equilíbrio. O dinheiro dava tema para um só livro (e, provavelmente, é), mas aquilo que estamos especificamente a procurar é o dinheiro enquanto forma de comunicação entre as pessoas.

9 | Conciliar trabalho, vida pessoal, sexo e dinheiro (159)

O nosso dinheiro é um conceito fantástico e, por vezes, controverso, que tem tudo a ver com as pessoas: sem elas, simplesmente não existiria. O dinheiro representa um acordo, uma forma de trocarem energia a um nível pré-acordado. O nosso dinheiro, na realidade, não é apenas papel, metal ou ouro; representa os nossos esforços e é uma forma de trocar os esforços de uma pessoa pelos de outra.

> O dinheiro pode não ser a resposta para os problemas da vida, mas alguém disse que é um grande lubrificador na vida!

O dinheiro é uma forma do Universo e das outras pessoas nos pagarem, de forma a conseguirmos viver as nossas vidas sem termos de fazer tudo por nós próprios. No mundo ocidental, já não temos de produzir toda a nossa comida, construir as nossas próprias casas ou satisfazer todas as nossas outras necessidades por nós próprios. O fantástico objectivo do dinheiro permite às pessoas apoiarem-se umas às outras de forma a se liber-tarem para terem vidas mais variadas e expressivas, conhecendo a sua contribuição particular para a sociedade, não tendo que se preocupar com todas as suas necessidades básicas. Os Comunicadores de Sucesso apre-ciam o mecanismo do dinheiro como forma de as pessoas trocarem as suas energias: permitem que ele flua livremente, acreditando na capacidade cria-dora do Universo.

Diz-se que o dinheiro:

- Causa problemas entre as pessoas; mas não é o dinheiro que os causa, mas as pessoas.

- É a resposta para os nossos problemas; mas os problemas só exis-tem na nossa cabeça porque nos apercebemos de que existe uma diferença entre a forma como queremos as coisas e como elas são efectivamente na realidade.

- Nos dá conforto. Não há dúvida de que o dinheiro pode comprar uma cama de hospital mais confortável, mas não fará, necessaria-mente, com que a dor que tem seja menor.

- Nos compra uma boa vida, mas não pode remendar um coração "partido", trazer um ente querido de volta ou criar satisfação pessoal.

(160) Comunicar com Sucesso

- Nos dá liberdade; liberdade para não termos de trabalhar, liberdade para viajarmos, liberdade para fazermos o que quisermos; mas a verdadeira liberdade é um estado de espírito que, de qualquer forma, é gratuito.

- Nos dá segurança, mas não pode evitar que sejamos um perigo para nós próprios. Para além disso, a segurança é, de certa forma, uma ilusão; pode ter todo o dinheiro do mundo, mas o seu jacto particular pode cair no oceano e ninguém mais o ver!

Conseguir equilíbrio e fluidez com o dinheiro

Se o dinheiro representa uma troca de energia e de esforço entre as pessoas, o que acontece se o dinheiro não está a fluir facilmente na sua vida (ou no seu bolso)? Será que está a reter a energia de outros, ou estará alguém a reter a sua energia? Observe outras áreas da sua vida para além do dinheiro, por exemplo, relações, ou seja, áreas nas quais poderá estar a gastar energia, a bloquear a saída de energia, a investir ou a gastá-la de formas inúteis ou a perdê-la de todo. Será que cada área da sua vida está a dar um retorno do investimento razoável à energia que investiu?

> Se tiver sorte e muito dinheiro, poupá-lo todo de forma temerosa poderá interferir com a sua fluidez, e energia que não está a fluir não está a ajudar nem a criar nada.

Se fizer aquilo que gosta e se permitir que as coisas fluam, o dinheiro não será excepção. Mas, fazer algo só por divertimento e não como investimento, não lhe traz, necessariamente, dinheiro: trata-se de um hobbie, não de um trabalho remunerado. Para receber dinheiro por ter feito algo que gosta, tem de comunicar aos outros e ao Universo que está feliz por ser pago pelos seus serviços. Tem de ser claro consigo próprio e perceber que o seu trabalho tem valor e que acredita que merece ser pago por ele.

Dinheiro como uma troca positiva

Gosta do dinheiro que ganha? Se sim, mais irá, provavelmente, ganhar. Já que o dinheiro é uma forma de as pessoas trocarem as suas energias, gostar do dinheiro que ganha é semelhante a expressar a admiração que tem pelos esforços de outra pessoa em seu benefício, o que fará com que ela esteja disposta a fazer mais por si. Se sempre que realiza um trabalho a sua primeira motivação é gostar do que faz, irá melhorar a qualidade do seu trabalho e os outros vão reparar nisso; depois, terá mais pessoas interessadas em contratá-lo e conquistará um melhor vencimento.

Quando o dinheiro passa de umas pessoas para as outras pode tratar-se de uma troca positiva ou negativa: faça com que seja a primeira.

Pergunte-se:
- A que é que dá mais atenção, às pessoas que têm mais dinheiro do que você ou às que têm menos? Como é que este facto influencia a sua vida?
- Gosta de trocar dinheiro com os outros como forma de dizer "obrigado" por lhe darem a sua energia ou por o ajudarem? Permite que o dinheiro flua livremente na sua vida?
- De que é que necessita realmente para além de comida, abrigo e cuidados médicos básicos? Consegue pensar em tudo o resto como um bónus fantástico?

A história de Adam e Nicky

Adam e Nicky eram um casal com sucesso profissional com vinte e muitos anos. Ambos ganhavam um bom salário, trabalhavam arduamente, divertiam-se bastante, tinham a sua própria casa, eram muito felizes juntos e estavam apaixonados.

Entretanto, dois anos depois de viverem e aproveitarem em pleno a sua vida juntos, a empresa para a qual Adam trabalhava foi afectada pelo *crash* das *dotcom* e ele foi despedido. Como era um executivo de sucesso, não teve problema em encontrar um novo emprego. De facto, no novo emprego poderia ir ainda mais longe na sua carreira do que na função anterior.

A única desvantagem do novo emprego de Adam era o facto de estar a mais de trezentos quilómetros de distância de casa e o trabalho de Nicky, na área editorial, obrigava-a a estar próximo de casa. Aparte disto, ambos gostavam do sítio onde moravam e não tinham vontade de mudar. Por isso, Adam vivia fora durante a semana, mas regressava a casa aos fins-de-semana.

Esta solução resultou durante o primeiro ano mas, à medida que o tempo passava, Nicky sentia falta da relação dos dois durante a semana. As poucas horas que tinham aos fins-de-semana não lhes davam tempo de qualidade

(162) Comunicar com Sucesso

juntos. Adam chegava a casa muito tarde, à sexta-feira à noite, e estava muito cansado durante todo o dia de sábado. Como costumava regressar ao domingo à noite para se preparar para o trabalho na segunda-feira de manhã, passava todo o domingo muito tenso e incapaz de relaxar.

Nicky explicou-me, numa das nossas sessões de *coaching*, como é que se sentia cada vez mais ignorada e isolada na sua relação. Dois anos após a nova situação, começou a interessar-se por outro homem, questionando-se se deveria deixar Adam para iniciar uma nova relação.

Nicky e Adam tinham permitido que o trabalho e o dinheiro os separassem. Perderam o equilíbrio nas suas vidas e esqueceram-se da importância da sua relação e das alegrias que passaram juntos. Perguntei a Nicky se tinha transmitido ao Adam como é que se sentia. Ao que ela respondeu que julgava que ele nem se tinha apercebido do que se estava a passar. Sugeri-lhe que falasse com Adam na linguagem dele, utilizando palavras e frases que compreendesse, ao mesmo tempo que lhe daria espaço e tempo para ele transmitir como se sentia, sem receio da reacção dela.

Falaram sobre a situação e, como resultado, quando Nicky ouviu o ponto de vista de Adam percebeu que tinha sido muito inflexível em não ter desistido do seu emprego apesar de Adam ter sido forçado a ir para longe. Como resultado, convenceu os seus empregadores a trabalhar a partir de casa em regime de *freelancer*. Isso significava que iria ganhar menos dinheiro, mas teria mais tempo livre. Mas agora poderiam ir viver para o local onde Adam estava a trabalhar e, desta forma, recuperar o equilíbrio da sua vida em conjunto.

> Aproveite ao máximo o seu dinheiro, mas lembre-se de o manter sob controlo e ter uma abordagem equilibrada. Por muito que tenha, ou não tenha, é tudo temporário e não o poderá levar consigo quando morrer.

Sugestões para Comunicar com Sucesso:

1. Comece a gostar de dinheiro sem ficar emocionalmente carente, desequilibrado ou demasiado apegado (ninguém disse que todas as sugestões deste livro iriam ser fáceis!). Tente deixar o dinheiro fluir na sua vida. Isto significa estar a par da forma como o deixa fluir para dentro ou para fora da sua vida e das emoções que relaciona a essas entradas e saídas.

9 | Conciliar trabalho, vida pessoal, sexo e dinheiro (163)

2. Observe quem tem sucesso ou simplesmente se sente confortável em relação ao dinheiro. Estude como pensam, agem e se sentem em relação ao dinheiro.

3. Pense nas suas necessidades se tivesse todo o dinheiro que queria... seria de segurança, conforto, divertimento ou aprovação?

Trabalho

Trabalho é algo muito interessante: é encarado de tantas formas diferentes por tantas pessoas. O trabalho é uma das principais áreas onde os Comunicadores de Sucesso podem praticar a sua arte. O trabalho é, quase inteiramente, acerca das outras pessoas, incluindo tanto a comunicação com os clientes como com os gestores, colegas ou "chefes". Grande parte da nossa experiência e sucesso no trabalho está relacionada com a nossa interacção com os outros.

O trabalho é uma das áreas da vida que está intimamente relacionada com dinheiro e que, frequentemente, nos desequilibra. "Trabalho" é uma importante palavra de oito letras que nos tira muito tempo nas nossas vidas. Aquilo em que acreditamos em relação ao trabalho tem imensa importância em determinar a qualidade da vida que apreciamos, ou não. O trabalho pode ser um dos aspectos mais gratificantes e motivadores da sua vida, ou poderá ser a área mais difícil e entediante.

O trabalho pode ter um importante papel na definição daquilo que é, e é por isso que os Comunicadores de Sucesso procuram trabalhar de forma gratificante, para contribuírem de forma relevante para os outros, bem como para eles próprios.

Pergunte-se:
- Como é que encara o seu trabalho? Trabalha por dinheiro ou por amor?
- Como é que encara os outros no trabalho? Alguma vez assumiu pressupostos sobre os outros em relação ao trabalho que fazem?
- Se o trabalho traz significado às nossas vidas, que significado é que permite que o seu trabalho dê à sua?

> - Encara o trabalho que faz como uma fonte de valor para as pessoas que estão no final da cadeia de produção dos seus produtos ou serviços, por exemplo, as pessoas que bebem as suas cervejas, cujas poupanças aumentam com os seus serviços, ou que apreciam o seu sabonete no banho?

Levar todo o seu "eu" para o trabalho

Podem existir algumas áreas da sua personalidade – os seus talentos, pensamentos e sentimentos – que não transporta para o trabalho. Mas se não for verdadeiro consigo próprio no trabalho poderá estar a evitar realizar o seu verdadeiro potencial. Você é livre de levar todo o seu "eu" para o trabalho, o que significa toda a sua atenção, energia, enfoque, imaginação e competências pessoais. Se levar todo o seu "eu" para o seu trabalho, é provável que se sinta mais feliz e livre, independentemente da cultura da empresa.

Pense na forma como está no local de trabalho. Agora pense como se comporta no seu círculo social ou com os entes amados... Onde é que residem as diferenças no seu comportamento e em que situação é mais feliz? Já se apercebeu de que, em todas estas situações diferentes, o factor comum é você? Pode achar difícil de acreditar mas, em última instância, você tem opções em relação ao trabalho que faz e à forma como se sente sobre o mesmo.

> **Pergunte-se:**
> - Que partes de si, aspectos da sua personalidade e atitudes leva consigo para o trabalho?
> - Que partes não leva para o trabalho?
> - O que faz com as partes de si próprio que não pensa levar para o trabalho?
> - É diferente no trabalho e em casa?
> - O que aconteceria se estivesse totalmente empenhado naquilo que faz no trabalho?
> - O que aconteceria se estivesse na sua atitude mais brilhante, alegre, comprometida e amável quando está no trabalho?

Mitos sobre a cultura empresarial

Onde quer que trabalhe, haverá um determinado tipo de cultura, abordagem, atmosfera e atitude que tem a ver com o "território" em causa. É muito fácil pensar que a cultura é a empresa, logo, está fora do seu alcance. Na verdade, a cultura é tudo aquilo que as pessoas dentro da empresa aceitam – e isso inclui a sua pessoa. De facto, poderíamos ir mais longe e dizer que a "empresa" só existe enquanto existir um compromisso entre todos os que lá trabalham. Uma empresa é um grupo de colaboradores; num contexto comercial, eles concordaram em produzir determinados bens ou prestar alguns serviços juntos. A "cultura" e a "empresa" não estão separadas de si: você é parte delas e continua a mantê-las vivas (ou não!).

Como encara a sua própria capacidade de mudar as coisas no trabalho? Apercebe-se de que faz falta, o seu trabalho é relevante e a sua contribuição necessária? Por que outra razão seria pago para fazer o que faz?

Relações no local de trabalho

O seu sucesso no trabalho depende da sua capacidade de manter as relações no local de trabalho. Grande parte da sua vida pode ser passada no trabalho, por isso, é benéfico dar-se bem com os colegas e aproveitar trocas de energia saudáveis. Se aplicar muitas das ferramentas e competências deste livro, as suas relações no trabalho, o seu sentido de felicidade, o seu ambiente e o sucesso serão alterados.

Ninguém é uma ilha, o que significa que, se alterar a sua forma de pensar ou de ser, a sua envolvente e quem está à sua volta também irão mudar; mesmo que essas mudanças sejam apenas na forma como vê as coisas. Independentemente do seu nível hierárquico, isso significa que é capaz de influenciar as pessoas no local de trabalho, em grau hierárquico superior, inferior ou no mesmo nível. Na realidade, todos fazem a diferença, incluindo você.

> Influência é algo que se espalha em todas as direcções; por isso, não duvide que também vá para cima!

Poderá passar por uma situação na qual os seus superiores não o deixam desenvolver profissionalmente porque têm receio da sua ascendência. Se aproveitar ultrapassar o presente, poderá ter a certeza de que ganhará confiança até que surjam outras situações.

Sugestões para Comunicar com Sucesso:

1. Imagine que é um idoso, ou uma idosa, sentado(a) na sua cadeira preferida. Pense no que gostaria de ter alcançado se recuasse atrás no tempo: que contribuição gostaria de ter dado, como gostaria de se ter divertido e que tipo de relações gostaria de ter tido para tornar isso realidade.

2. Pergunte-se que trabalho faria se o dinheiro não fosse um problema para si e se pudesse optar livremente. Atreva-se a pensar nisso; e atreva-se a perguntar o que poderia fazer para permitir que isso acontecesse de qualquer forma.

3. Observe algumas das suas relações profissionais: comece hoje a fazer a diferença para melhorar uma dessas relações.

4. Avalie o equilíbrio que tem entre o seu trabalho e o resto da sua vida. Com quanto tempo e energia fica depois do trabalho?

5. Veja o que acontece se empenhar todo o seu "eu" no trabalho, ou seja, toda a sua atenção, energia, enfoque, imaginação e competências pessoais.

Para beneficiar de uma comunicação fluida e relações gratificantes, é essencial prestar atenção ao seu estado de equilíbrio, ou seja, a sua forma natural de ser. Quando equilibrar os diferentes aspectos da sua vida, incluindo trabalho, divertimento, sexo e dinheiro, tudo se torna natural: a forma como se relaciona consigo próprio e com os outros acontece com maior facilidade.

Ao restituir o equilíbrio na sua própria vida cria fundações para construir e partilhar as relações que quer ter com os outros, tal como iremos explorar no próximo poder.

(10)
Décimo poder: Partilhar o caminho para o sucesso

Neste capítulo irá aprender:

- a criar relações *win-win*
- a descobrir o poder das perguntas
- a saber delegar e motivar

Um dia, mostraram-me um cavalo com um "problema" comum entre equinos que trabalham em escolas de equitação. Este tipo de problema também é comum nas nossas vidas.

Tratava-se de uma bela égua preta irlandesa; era preguiçosa, difícil de motivar e tornou-se amarga em relação ao seu trabalho. Alguns cavalos cansam-se de serem montados, levados para zonas de saltos ou para passeios, e outros tornam-se tão letárgicos que se recusam a mexer. Este cavalo era do segundo tipo. Os cavalos expressam-se através do movimento, por isso, quando um cavalo deixa de se mexer, é como se tivesse desistido da vida.

Muitos anos antes, um dos meus melhores professores de equitação ensinou-me que motivar os cavalos, passava por libertar a energia deles permitindo-lhes moverem-se realmente. Até este momento, nunca tinha trabalhado tanto para conseguir que um cavalo se mexesse, mesmo animais preguiçosos que outros consideravam difíceis de motivar.

Esta égua era diferente; mesmo todas as minhas competências não me ajudaram a motivá-la; o que precisava de descobrir era uma forma de trabalhar com ela e de descobrir uma solução *win-win*, onde ambos ganhávamos.

Sabia que esta égua não estava velha nem em más condições; estava nos seus melhores anos e em boas condições físicas. Era muito activa e brincava quando estava no pasto com os outros cavalos.

Quando comecei a trabalhar com ela depressa percebi que rejeitava a sela no seu dorso. Foi preciso muito tempo e paciência para lhe colocar a sela sem que ela me ameaçasse e investisse na minha direcção. Eventualmente, percebeu que não a ia magoar e, finalmente, consegui pôr-lhe a sela. Pedi-lhe que avançasse, mas parecia que era feita de gelo; acabou por se mover, mas de uma forma lenta, pesarosa, resistente e sem vivacidade. Nada do que fiz melhorou a situação e cada dia que a montava ela mostrava resistência e estava "meia-morta". Revelava que estava amargurada e sem alegria e a fazer com que eu sentisse o mesmo. Era deprimente e triste, bem como incrivelmente frustrante pensar que um cavalo tão bom como aquele perdesse a vontade de se mexer.

Como não iria obter resultados rapidamente parei de a trabalhar durante alguns dias para pensar.

Fazer a pergunta certa era a chave deste desafio. Parecia que a pergunta certa era: o que é que ela quer agora? A resposta não parecia ajudar muito. Ela queria ser deixada em paz e ser montada o mínimo possível. Por isso, dei-lhe o que ela queria: montei, disse-lhe para andar um pouco, parei e fiz-lhe uma festa no pescoço, desmontei, tirei-lhe a sela e juntei-a aos outros cavalos.

No terceiro dia andei um pouco mais, parei, virei para trás, andei mais um pouco, parei, fiz-lhe uma festa, desci e larguei-a de novo.

No quarto dia, ainda estava a montar quando ela começou a andar por sua opção, livremente e com vontade. Após alguns metros, parei-a; o meu peito ardia de alegria. Foi o momento em que deixou de estar amargurada e deixou de se recusar a mover-se comigo. Sabia que partilhávamos algo; que o nosso tempo juntos seria gasto em busca de soluções *win-win* e que eu não iria obrigá-la ou forçá-la. Mas o facto é que, a partir desse dia, ofereceu-me tudo aquilo que eu lhe pedi. Em vez de a tentar motivar ou de fazer com que ela trabalhe, fiz perguntas como: "O que é que ela pretende com a sua atitude?"

Perdi o contacto com esse cavalo durante um ou dois anos depois de ter trabalhado com ela e ouvido dizer que tinha sido vendida. Um dia, tive um telefonema de uma senhora a perguntar-me se me lembrava de uma égua preta irlandesa, já que alguém lhe tinha dito que tinha trabalhado em tempos com ela. Tratava-se da nova proprietária da égua e tinha muita experiência com cavalos. Estava muito contente e disse-me que a égua tinha força de vontade, que saltava bem e que competia e vencia, ao mesmo tempo que era terna com as crianças.

> Os Comunicadores de Sucesso compreendem o valor de partilhar o sucesso da vida: sabem que, através da partilha, o potencial das suas próprias vidas, alegria e sucesso multiplicam-se.

Criar situações *win-win*

Numa relação *win-win* todos saem vencedores, felizes e satisfeitos; todos os envolvidos sentem que beneficiaram de alguma forma. É o contrário do resultado, no qual uma parte ganha e a outra perde e, consequentemente, alguém se sente insatisfeito. Como os seres humanos podem ser criaturas muito competitivas, tendemos a perder de vista o custo potencial de ganhar a alguém e de esquecer o valor de criar situações *win-win*.

> As situações *win-win* promovem o crescimento, oportunidades, energia positiva e a partilha.

Win-win é uma forma de criar aliados. É mais provável que as pessoas com quem cria situações *win-win* o defendam no futuro. Sabem que podem trabalhar consigo e você tem em conta as necessidades delas e as suas.

Win-win cria energia positiva. Criar relações *win-win* implica bem-estar para os envolvidos.

Win-win cria a possibilidade de novos níveis de relacionamento. Promover uma relação *win-win*, cria uma relação de respeito mútuo com a outra pessoa.

Win-win cria um sentimento de partilha. As soluções *win-win* fazem com que ambas as partes se sintam amadas e importantes.

Win-win cria a possibilidade para a criatividade e oportunidades. Como as soluções *win-win* criam pontes e relações novas ou renovadas, existe a possibilidade de estender as relações para novas áreas.

Win-win revela o tipo de palavras e acções *boomerang* para o Universo. Como as soluções *win-win* são uma forma positiva e afectuosa de comunicar com os outros, elas transmitem energia positiva, que pode regressar para si, mais cedo ou mais tarde. Sempre que cria uma relação *win-win* com alguém, cria-se energia positiva, que por sua vez é transmitida para o mundo.

Como criar soluções *win-win*:

- Facilitar as coisas: quanto menos obstáculos colocar numa solução equilibrada, na qual ambas as partes podem partilhar, melhor.
- Liberte-se da fúria, da frustração ou de qualquer outra emoção negativa ou da necessidade de estar bem. É fácil de dizer, mas não tão fácil de fazer, principalmente quando tem os seus pontos de vista sobre determinado tema, os quais não alterará facilmente.
- Coloque-se no lugar da outra pessoa. Veja o que ela pode ganhar a partir de determinada resolução. Veja o que lhe está a dificultar a vida e saiba como dar-lhe mais espaço, especialmente se ela "se fechou no seu canto".
- Pergunte aos outros e/ou a si próprio quais são as opções, ou se quer que o ajude para que todos saiam vencedores. Pense, pelo menos, em três opções, mesmo que só uma delas seja realista!

- Recorra à sua imaginação para chegar a soluções. As nossas mentes estão, normalmente, limitadas a pensamentos "normais"; por isso, permita que a sua imaginação preencha um novo espaço com novas ideias.
- Liberte-se de quaisquer expectativas específicas que tem em relação ao resultado; poderão existir muitas formas de ganhar aquilo que precisa. Ao ignorar o resultado que *deveria* acontecer, aumentará possibilidades. Lembre-se do que acontece; nada disto lhe interessará daqui a cem anos, logo, por que não libertar alguma coisa?
- Repare se dar a outra(s) pessoa(s) o que quer(em) de determinada forma faz com que obtenha o que quer. Poderá não funcionar dessa forma mas, por vezes, ao dar, a outra parte retribuirá.
- Numa situação difícil, pergunte à outra parte: "Como é que *nós* a podemos resolver?" (em vez de *tu* ou *eu*).

Sugestões para Comunicar com Sucesso:

1. Simples: procure oportunidades de criar soluções *win-win*! Dessa forma, não perderá!

2. Abra-se a novas possibilidades em vez de insistir na sua própria posição.

3. Afaste-se da situação: se observar qualquer problema numa relação de um ângulo diferente, ele parecerá diferente e sentir-se-á, certamente, diferente.

4. Imagine uma vida na qual todos os seus companheiros mais próximos são vencedores, ganhando em soluções *win-win*... De que forma seria a sua vida diferente do que é hoje? O que seria necessário para tornar a vida que imagina uma realidade?

5. Mais importante: seja um perdedor bom e gracioso. Dessa forma, não poderá vencer. Não podemos ganhar sempre e, por vezes, perder tem benefícios surpreendentes e espantosos!

6. Esteja atento quando pensa que está a criar uma solução *win-win*, mas, na verdade, está a criar uma *win-lose* (ganhar-perder), na qual é o perdedor! Isto não é gentil ou caridoso da sua parte; trata-se de ser tolo.

O "poder" das perguntas

Provavelmente, já reparou que este livro tem muitas perguntas para você responder; isso é porque existe apenas uma pessoa em todo o Universo que tem todas as respostas de que necessita: VOCÊ.

Responder às perguntas que este livro lhe faz irá, certamente, ajudá-lo; por isso, seja bom para si próprio e responda. Não se limite a ler as perguntas e a passar por cima delas. Ficará surpreendido com o que descobre sobre a sua vida, amor, relações e sobre si próprio.

Uma das ferramentas mais poderosas para ter sucesso na vida é a nossa capacidade de fazer as perguntas certas. A qualidade das perguntas que faz cria a vida que quer viver. Tudo começa com uma pergunta, por isso, se fizer boas perguntas, terá maiores probabilidades de obter boas respostas.

Até há seis mil anos, os seres humanos costumavam caçar e comer os cavalos. Pergunto-me quem terá sido a primeira pessoa a colocar a questão "E se nós montássemos no dorso de uma destas rápidas e poderosas criaturas?". As nações que perguntaram e responderam a essa pergunta partiram à conquista e controlo de grande parte do mundo, mesmo até à chegada do motor de combustão. Essa foi uma pergunta com muito "poder".

Fazer perguntas aos outros

Fazer perguntas de uma forma correcta abre muitas possibilidades às suas interacções com os outros em todo o tipo de circunstâncias. Ao perguntar algo a alguém de uma forma genuína, transmite que está verdadeiramente interessado nele.

Muitos podem achar isto útil, irresistível, agradável ou, como não estavam habituadas a tanto interesse, até se podem sentir desconfortáveis e tímidas.

Fazer perguntas pode trazer respostas incríveis: por vezes, fazer a pergunta certa, no momento certo, condiz à descoberta de uma resposta que nem elas próprias conheciam conscientemente antes de a terem. Fazer perguntas genuínas e esperar pela resposta ouvindo de verdade é uma forma de demonstrar afecto por outro ser humano.

A pergunta certa leva sempre à resposta certa.

Fazer perguntas a si próprio

Você não beneficia apenas por fazer perguntas aos outros: còlocar a si próprio as questões certas poderá levá-lo a obter toda a informação e as chaves de que necessita para criar a vida que deseja. Ao colocar perguntas a si próprio cujas respostas não julga conhecer, põe em acção, inconscientemente, a sua mente. A mente inconsciente é o "servidor do seu computador"; regista tudo o que lhe aconteceu, mesmo que pense que não se lembra. Também está relacionado com o "servidor do computador principal", o Universo, e, quando é colocada a pergunta certa, pode, por vezes, dar respostas surpreendentes, muitas das quais nunca teria sabido por si próprio. Tente. Lembre-se de que as questões levantadas a este nível não são normalmente respondidas por palavras ou pensamentos resultantes das palavras; as respostas aparecem, normalmente, de qualquer forma e também aparecem no seu próprio tempo!

Fazer perguntas ao Universo

Você pode levar esta fase um pouco mais longe, não só poderá colocar questões aos outros e a si próprio mas também as pode fazer directamente ao Universo, ao Infinito, ao Divino, a Deus ou como queira chamá-lo. Não tem nada a perder. Fazer perguntas é o mesmo que acrescentar mais uma palavra, pensamento ou acção; obterá sempre uma resposta: faça uma pergunta e receberá a resposta... apesar de, às vezes, não ser da forma que esperava!

Formas de fazer perguntas brilhantes:

O grande objectivo de fazer perguntas é trazer respostas, por isso, é importante que as perguntas sejam feitas de forma a tornar a resposta simples.

Estas são algumas formas de fazer perguntas brilhantes:

1. Faça sempre perguntas aos outros ou a si que coloquem as coisas de forma positiva, por exemplo: "*O que é que podemos fazer para nos darmos melhor?*" em vez de "*O que fazemos que nos faz estar sempre a discutir?*"

2. Faça perguntas que comecem com as palavras "qual", "como", "quando", "onde", etc., mas evite utilizar a palavra "*porquê*". Agora está a pensar "por que" deve evitar essa palavra, não está? A palavra "porquê" pode implicar julgamento e colocar o outro lado na defensiva.

De facto, a palavra "porquê" pode dificultar a resposta à questão já que a pessoa a quem foi colocada a pergunta está, inconscientemente, à espera de ser julgada:

Por exemplo:
"Por que... ficaste até tarde no emprego com a tua secretária?"
"Por que... disseste que eu era um companheiro egoísta em frente aos meus colegas?"
"Por que... roubaste essas maçãs da árvore do vizinho?"
"Por que... enterraste todas as nossas poupanças naquela empresa de investimentos falida?"

3. Faça perguntas que venham do seu coração, não apenas da sua cabeça.
4. Faça com que as suas perguntas sejam fáceis de perceber, para que o outro lado se possa concentrar na resposta, não no que a pergunta significa.
5. Faça perguntas sem emoção na voz. Caso contrário, será fácil ouvir mais a emoção do que a pergunta.
6. Lembre-se de que podem pensar que conhece a resposta à questão que está a colocar, mas a resposta que tem em mente poderá não ser a certa: todos temos as nossas próprias respostas para as perguntas da vida.
7. Faça a pergunta certa e a resposta surgirá. Há um ditado budista que diz que a resposta está sempre na pergunta; é verdade, mas isso exige que seja colocada a pergunta certa!
8. Quando coloca uma pergunta a alguém, espere pela resposta e oiça-a. Dê espaço: mantenha-se quieto e preste total atenção a quem está a responder.
9. Evite perguntas que façam o outro lado se sentir culpado ou acusado de estar errado ou de ser o "mau da fita".

Sugestões para Comunicar com Sucesso:

1. Faça esta experiência para descobrir algo que perdeu, por exemplo as suas chaves do carro. Pense especificamente sobre o que pretende descobrir e pergunte a si próprio quando as viu pela última vez. Depois, pergunte-se: *"Onde é que coloquei..."* ou *"O que é que fiz com... na última vez?"* Evite completamente dizer ou pensar algo de negativo como "Perdi-as" ou "Não sei onde

10 | Partilhar o caminho para o sucesso (175)

estão", etc. Relaxe e deixe a resposta vir até si: poderá ir ao encontro do objecto que perdeu sem sequer pensar nisso. O seu subconsciente sabe todas as respostas; tem, simplesmente, de fazer a pergunta de forma a conseguir responder-lhe. Agora, utilize a mesma técnica para revelar as respostas às questões mais importantes da sua vida.

2. Preste atenção ao tipo de perguntas que faz diariamente; sobre o seu trabalho, as suas relações e da sua vida em geral. Pense em reformular as questões de forma a obter respostas mais favoráveis.

3. Faça perguntas aos outros para ajudá-las a exprimirem-se mais construtivamente quando estão perto de si.

4. Tenha consciência de que as perguntas têm um grande "poder" subjacente na criação das suas experiências e na qualidade de tudo o que lhe acontece. Utilize o "poder" das perguntas para criar tudo o que quiser... ninguém teria inventado a lâmpada, o motor de combustão, a roda ou o preservativo se não tivessem feito algumas perguntas primeiro.

Ambição e motivação

Criar qualquer tipo de solução vencedora, quer seja para si, quer para outra pessoa, quer para todas, requer que a energia seja canalizada na direcção certa. Duas formas eficazes de isso acontecer é através da ambição e motivação. Os Comunicadores de Sucesso conhecem o valor de utilizar a ambição e a motivação como formas de conseguirem o que querem e gostam de ajudar os outros a serem bem sucedidos.

Foi como resultado da tendência natural de "irmos mais longe" que os humanos chegaram tão longe na evolução da nossa sociedade e na nossa forma de vida. É uma ambição normal da humanidade, que nos motiva a criar, inventar, explorar, descobrir e aprender. As pessoas ambiciosas sempre estiveram na vanguarda para nos levarem mais à frente para áreas novas do nosso potencial, individual e colectivamente.

Quando a ambição é saudável, é muito motivador e encoraja um fluxo de energia dentro de nós que é altamente construtivo: a ambição pode ser descrita como o desejo de cumprir o nosso maior potencial na vida, qualquer que ele seja.

> Quem quer que você seja e em que fase esteja na sua vida, haverá sempre novas formas de criar, inventar, explorar, descobrir e aprender.

A ambição

A ambição é uma qualidade muito admirada, especialmente na sociedade ocidental. Tendemos a ser muito entusiastas e encorajadores de quem "vai à luta" e que fazem as coisas acontecer nas suas vidas. Os ambiciosos de origens humildes são considerados com uma particular estima. A ideia do *self-made man/woman*, que crescem a partir do nada e se tornam grandiosos, é algo que consideramos como um ideal.

Se for uma pessoa ambiciosa, isso é bom, mas se lhe falta ambição e motivação, ou se não sabe qual é o seu verdadeiro objectivo na vida, pode ser muito assustador. Existe a ideia, na nossa sociedade, de que ser ambicioso é que está certo e que não ser ambicioso é errado.

> Por que quer que esteja apaixonado, o que quer que se sinta motivado a fazer... siga esse caminho.

Siga os seus sonhos: encontre o seu verdadeiro objectivo

Assim que descobrir as coisas da vida que representam "o seu objectivo", ou seja, os objectivos que realmente fazem estimular a sua ambição, surge um poderoso fluxo de energia com a qual pode sustentar o seu "caminho". Qualquer coisa que absorva a sua vontade permitir-lhe-á concretizar esses objectivos ultrapassando o normal esforço ou empenho humano.

O que é que poderá estar a impedir de viver os seus sonhos?

Paciência. Poderá ainda não ter chegado a hora de despender a sua ambiciosa energia. Podem existir outros aspectos da sua vida ou da de outras pessoas que têm de entrar na sua vida antes de os seus verdadeiros objectivos se tornarem óbvios.

Honestidade. Devido à influência negativa de algumas pessoas na nossa vida, poderá ser muito difícil sermos realmente honestos connosco próprios sobre o que efectivamente gostaríamos de fazer com as nossas vidas.

Abandonar as ideias limitativas. Muitos sabem o que gostariam de fazer, mas não o tentam devido a todo o tipo de ideias limitativas. Acreditam que têm de ficar onde estão porque assumiram compromissos, têm obrigações, hábitos ou porque talvez não fossem suficientemente boas para se libertarem. Poderá ser necessário muita coragem para fazer aquilo que realmente gostaria de fazer com a sua vida: há risco envolvido em deixar de lado o que é familiar para seguir as suas ambições e sonhos. Muitas vezes, as recompensas que recebe são na proporção directa da dimensão do risco e da confiança que está preparado para assumir.

Alimentar a ambição e a motivação em si próprio e nos outros

Para alimentar a ambição temos de dar encorajamento positivo, sem deixar que a nossa própria agenda interfira. Por exemplo, os pais de uma criança ambiciosa podem começar por, simplesmente, encorajá-la, mas apercebem-se mais tarde de que estão a incentivar a criança por motivos deles. Também precisamos de criar espaço para a ambição ser conseguida sem demasiadas distracções, dar qualquer tipo de apoio necessário (incluindo apoio a nós próprios) e de conseguir um bom equilíbrio para que as outras áreas da nossa vida possam impulsionar a "ambição".

Sugestões para Comunicar com Sucesso:

1. Pense nalguns dos seus melhores momentos e em vitórias pessoais na sua vida. Pense como é que os conseguiu atingir.

2. O que é que realmente o motiva neste momento? O que adoraria estar a fazer, ou estar a fazer mais, de forma a empenhar facilmente toda a sua energia nisso? Siga em frente e faça-o.

3. Pense nas suas ambições em relação às das pessoas que lhe estão próximas: as suas ambições são realmente para si ou para elas?

4. Sempre que segue as suas ambições perceba se fica totalmente absorvido por elas, ou se tem sentimentos negativos sobre como deverá começar a fazê-lo. Sente que, em vez disso, deveria estar a fazer o seu "trabalho de casa" ou a seguir em frente com um projecto, ou a pagar contas? Escolha fazer aquilo para o qual possa dar a contribuição mais valiosa e realmente fazer a diferença. Quando o faz, empenhe-se totalmente.

(178) Comunicar com Sucesso

5. Comprometa-se a seguir a sua ambição, mas esteja atento se começar a exigir demais e, consequentemente, a criar uma possível resistência para obter bons resultados.

6. Concentre-se nas suas ambições: aproveite o fornecimento de energia quando persegue a sua ambição.

7. Ajude os outros a seguirem as suas ambições de acordo com as necessidades deles; não como pensam que necessitam. Para saber a diferença, pergunte-lhes o que é que as ajudaria mais.

Delegar e motivar

Independentemente do grau de auto-suficiência que tem na vida, há inúmeras formas através das quais pode confiar nos outros e precisar da sua ajuda para realizarem tarefas para si. Poderá ser de forma directa, por exemplo pedindo a algum familiar para fazer algo em casa, pedindo a um colega para fazer algo no local de trabalho, ou poderá ser um serviço como por exemplo colocar o carro a arranjar ou encomendar uma massagem decente. Poderá significar ainda pedir a alguma pessoa que lhe arranje um encontro especial com alguém que não conhece ou pedir a alguém que feche um negócio de mil milhões de dólares.

Assim, para partilhar o caminho para o sucesso, é útil ser bom a delegar e a motivar. Os Comunicadores de Sucesso compreendem a importância de pedir ajuda aos outros de forma eficaz: confiam na capacidade única de fazerem o seu papel e motivam-nas com energia, estabilidade e inspiração.

> Nunca tenha medo de pedir ajuda ou conselhos directa e abertamente quando precisa deles: o pior que poderá ouvir é "não".

É um exercício engraçado observar cada aspecto da sua vida e pensar quantas pessoas contribuíram e o ajudaram a fazer o que está a fazer. Algo que tomamos como garantido, como guiar um carro, depende de um quase infinito número de pessoas que nos ajudam a chegar lá: quem constrói o carro, quem o concebe, quem fornece os materiais, quem fornece a borracha para os pneus, o pastor que cuidou do gado que forneceu a pele para os assentos, quem construiu a fábrica, as que forneceram a comida aos

10 | Partilhar o caminho para o sucesso (179)

colaboradores, os produtores que fornecem a comida para a cantina da fábrica, os transportadores de materiais, a equipa de vendas que vendeu o carro... bem, poderíamos continuar indefinidamente. O facto é que todos dependemos dos outros para fazerem coisas para nós.

Pedir ajuda

Você simplesmente não pode fazer tudo por si próprio: tem de pedir ajuda aos outros. A melhor forma de o fazer é pedir numa linguagem simples. Quando captamos a atenção do outro lado, para que compreendam sem os "carregar" com alguma carga negativa. Isso parece um desafio! Pedir algo com uma carga emocional negativa implica zanga, frustração, força, controlo, sobre utilização de poder, desespero, esperança ou qualquer outro tipo de energia inútil na sua voz, as palavras que utiliza e a sua linguagem corporal. Idealmente, pergunte a partir de um local neutro, onde sabe claramente o que quer e onde o seu estado emocional não é influenciado.

Se delegar emotivamente, mesmo se tentar disfarçar alguma zanga, ela senti-la-á, de tal forma que quando desempenhar a tarefa estará repleta dessa emoção.

> Se alguém compreende a razão ou o valor de fazer algo, é mais provável que fique mais feliz ao fazê-lo.

Criar relações

Para conseguir a melhor resposta quando motiva ou delega, aproveite primeiro algum tempo para criar harmonia. Imagine que está a fazer uma "sanduíche de delegação", na qual o pedido é o recheio, a relação/harmonia é o pão à volta do pedido, para que quem recebe o pedido experimente um pouco a relação: antes, durante e após a tarefa! Assegure-se de que melhora qualquer delegação de poderes através da revisão da harmonia e relação com a outra pessoa depois de a tarefa estar cumprida: mostrar que gostou é sempre importante.

Lembre-se de que é uma escolha inteiramente livre das outras pessoas, fazerem o que nós pedimos ou não; não as podemos obrigar. Mesmo que sejam nossos empregados, podem não fazer o que lhes pedimos; mas também serão eles a assumir as consequências dessa opção.

Peça e veja os resultados

Assim que tenha delegado algo a alguém e que o seu pedido tenha sido percebido, dê-lhe espaço para desempenhar a tarefa sem você interferir. Assim que delega algo, é necessário muita força interior da sua parte para permitir que sejam cometidos alguns erros. Pode ser difícil, especialmente se disso depende um contrato de dez milhões de dólares. Mas depois, se se trata de uma tarefa importante e não confia em ninguém para a fazer, talvez seja melhor fazê-la à primeira vez, sem sequer delegar. Dessa forma, se perder o contrato dos dez milhões de dólares, só tem de se desculpar a si próprio.

Lidar com os erros

Se está seguro na decisão de delegar e de dar espaço aos outros para concretizarem as tarefas, o próximo nível será não repreender pelos erros.

Em termos gerais, as pessoas não são estúpidas (se estiver a delegar tarefas importantes a pessoas que pensa que não são inteligentes, talvez tenha de colocar algumas perguntas a si próprio!), desde que tenham consciência das consequências dos seus erros, normalmente apercebem-se de que cometeram um erro e vão evitar repeti-lo.

Analise o que lhes aconteceu perguntando "o que podemos aprender" do resultado (erro) ou questionando "o que é que podemos fazer de diferente da próxima vez?" Evite julgar ou acusar.

Se for suficientemente "grandioso" para permitir que os erros sejam identificados mas não sancionados, estará a dar uma grande oportunidade de crescimento à outra pessoa, ou uma retribuição espiritual, se preferir.

Lembre-se de que o medo de cometer erros limita a evolução e que a melhor forma de começar a aprender a lidar com os erros dos outros é aprendendo a lidar com os seus. Perdoar-se, especialmente se tem objectivos claros ou se é um perfeccionista, pode ser um grande desafio.

Pergunte-se:
- O que é preciso para arriscar?
- Qual é a pior coisa que pode acontecer se errar?

Motivação

Quando fazemos algo para o qual estamos motivados, não é necessário um grande esforço aparente; perdemos a noção das horas e ficamos concentrados no momento presente. Quando ficamos "absorvidos" pelo que quer que estejamos a fazer, a motivação é quase uma ideia redundante; não é necessário motivação adicional, dado que, neste estado, as coisas fluem por elas próprias. Para motivar os outros, descubra uma forma de ir de encontro às agendas delas e à sua: assim, a motivação torna-se automotivação.

> Quando alguém está a fazer o que considera "certo", está extremamente motivado.

A motivação pode ser valorizada, admirada e recompensada – financeira ou afectivamente. A forma mais poderosa de motivar é quando alguém sente interesse e prazer em *fazer* uma determinada tarefa. *Fazê-la* é a própria recompensa. Esta é uma forma muito mais directa do que recompensar alguém após o acontecimento: quando o acto de o fazer lhe traz felicidade, concentração e prazer, a motivação tem origem numa fonte infinita porque está relacionada com o estado de "ser".

Pergunte-se:
- Que coisas na vida me motivam tão naturalmente que não faço qualquer esforço para as fazer? O que há de especial em relação às coisas que me motivam em comparação com as coisas com as quais não estou interessado?
- Se quer motivar alguém, sabe o que é que o motiva naturalmente? O que isso lhes dá?
- Em que áreas de actividade é que as pessoas se sentem mais motivadas? Que tipo de tarefas estão a executar quando estão mais automotivadas: a criar, a serem mais técnicas, a resolverem problemas, a interagirem com os outros, etc?
- O que é que teria de mudar de forma a elas se sentirem mais motivadas em áreas das suas vidas onde normalmente é exigido esforço? Que mais poderiam ganhar a partir dessas actividades?
- Como pode articular o que pretende delas com o que elas querem delas próprias?

- Entra num estado de estar totalmente absorvido em algo no momento presente? O que poderá levá-lo a entrar nesse estado? O que há nessas actividades que o façam fazer isso?
- Consegue descobrir algumas dessas qualidades em tarefas que faz mas nas quais não está muito interessado?

Incentivar o Talento

Ao motivar os outros e ajudá-los a descobrir o seu verdadeiro potencial, dá-lhes uma recompensa muito valiosa, ao mesmo tempo que também recebe recompensas da situação. Motivar os outros a desenvolverem-se é um caminho de dois sentidos: à medida que expandem os seus talentos, você partilha essa mesma expansão. Lembre-se de que ao "alimentar" os seus próprios talentos e capacidades, para se tornar tão bom quanto possível, inspira os outros a seguirem o seu exemplo.

Sugestões para Comunicar com Sucesso:

1. Experimente delegar sem emoção. Liberte-se da resposta que receberá. Nunca saberá qual será a resposta ao seu pedido até a ter comunicado.

2. Pratique vários pedidos de diversas formas, até encontrar a chave certa para cada pessoa em particular.

3. Descubra formas de articular a sua agenda com a de outra pessoa; dessa forma, a motivação torna-se um esforço conjunto, em que 1+1=3.

4. Procure formas de motivar e de ajudar os outros nas suas relações a serem mais do que aquilo que elas realmente são. Descubra o caminho, motivando-se através do seu próprio crescimento.

Explorámos algumas formas de trabalhar com os outros e de criar e partilhar o caminho para o sucesso. Vimos como o "poder" de fazer perguntas brilhantes, de motivar e de delegar fortalece a sua comunicação e relações. Agora, é hora de expressar o seu próprio poder no Décimo primeiro poder.

(11)
Décimo primeiro poder: Revelar o seu "poder" pessoal

Neste capítulo irá aprender:

- a importância do "poder" pessoal
- a ser mais atraente
- sobre o poder da confiança

Os cavalos de cobrição são criaturas de grande presença e "poder" pessoal; dão nas vistas e são orgulhosos, atraem as atenções, são "maiores do que a vida" e irradiam uma autoconfiança incrível. Assim era com um jovem garrano que eu tinha. Quando estava por perto, todas sabiam. Não fazia mal desde que tudo o que quisesse fazer fosse olhá-lo e admirá-lo à distância. Mas eu queria montá-lo e trabalhar com ele. O mais complicado era que, grande parte do tempo, ele era tão influenciado pelo seu brilho, "poder" pessoal e produção de testosterona e desejo pelas éguas, que se apercebia da minha presença.

Um dia, levei este cavalo para um velho mestre do treino de cavalos para lhe pedir ajuda, com o objectivo de que o animal fosse treinado como cavalo de montaria. Mas, assim que o levei para o picadeiro, antes mesmo de o montar, ele estava nervoso, dava coices e puxava-me através das rédeas como se fosse invisível: não conseguia prepará-lo para o montar.

Assim, o tal mestre, que raramente saía da cadeira onde se sentava todo o dia coberto por casacos, cachecóis, um gorro de lã, luvas de pêlo e coberto por camadas de mantas para se manter quente, levantou-se com dificuldade da cadeira, caminhou lenta e dificilmente até onde segurava este animal aos saltos pela ponta das rédeas.

O velho mestre tirou-me a corda das mãos e começou a andar. Percorreu meia dúzia de passos e parou abruptamente. Aparentemente, não tinha feito mais do que conduzir o cavalo a uma pequena distância e parar; mas, no momento em que o fez, o animal parou, reduziu a sua altura em cerca de 30 por cento e estava a dar total atenção ao mestre: se um cavalo soubesse cumprimentar, então este era um cumprimento.

Foi humilhante, impressionante e místico. Cerca de cinco minutos depois de o mestre caminhar com o agora calmo garrano, ele devolveu-mo... e, adivinhe? O cavalo começou a saltar de novo!

Esta era a questão a colocar: qual era a diferença deste mestre? Já que não conseguia descobrir grandes diferenças no que ele e eu fazíamos com o cavalo, a resposta só poderia ser o seu "poder" pessoal. O cavalo sentiu-o, tal como todos os outros que estavam na sala. O homem não aparentava qualquer falsa confiança, superioridade ou arrogância; em vez disso, demonstrava um "poder" pessoal que era seguro, inspirador, autoconfiante e cativante, não necessitava de o provar, mesmo a um cavalo macho de meia tonelada. Na essência, era como se soubesse que podia confiar

11 | Revelar o seu "poder" pessoal (185)

totalmente nele e no cavalo, para que a sua sabedoria se manifestasse no seu próprio "ser", na forma como andava e parava e tornava a andar e a parar.

Esta foi uma das lições mais difíceis que tive de aprender sobre cavalos; esse cavalo surgiu na minha vida como um professor. Aprendi a lição naquele dia, naquela semana ou naquele ano? Não, a lição mantém-se todos os dias, sempre que me aproximo, ou não, de um cavalo. Aquilo que os cavalos, e também as pessoas, interpretam sobre o nosso "poder" pessoal, quando uma verdade tem de ser dita, é uma qualidade intrínseca que é comunicada para o exterior, vinda de dentro de nós, de uma forma tão subtil e, mesmo assim, muito motivadora.

> Os Comunicadores de Sucesso expressam o seu "poder" pessoal, presença, força interna e inspiram os outros. Para além dessas qualidades, também demonstram afecto, modéstia e humildade.

"Poder" pessoal

Grande parte deste livro é sobre "poder" pessoal. Ao desenvolvê-lo, melhora a sua capacidade de comunicar eficazmente para marcar a diferença, para ter valor e para inspirar os outros. Incentivar o seu "poder" pessoal significa aprender a confiar naquilo que pretende obter e no facto de ser agradável quando está a ser quem realmente é. Isso significa conhecer-se a si próprio e aos outros e ser capaz de experimentar uma vida cheia de amor e alegria (e também ser capaz de rir de tudo!). É por isto que os Comunicadores de Sucesso não deixam de investir no seu "poder" pessoal, que é uma parte de todos e de cada um de nós.

O que é "poder" pessoal?

O verdadeiro "poder" pessoal é representado por muitos elementos e pode ser gerado por diferentes pessoas de várias formas. Há, contudo, um determinado número de factores que contribui para o "poder" pessoal.

Se tem "poder" pessoal, então tem um sentido de segurança interior que vem do seu íntimo, que o ajuda a seguir o seu caminho e a ser verdadeiro ao seu "eu". Como resultado, os outros são influenciados pelo seu modelo de vida e são motivados a seguir o seu exemplo, logo, isso permite-lhe desenvolver também o seu "poder" pessoal.

Permita a si próprio ser brilhante; é um direito de nascença

O "poder" pessoal não tem a ver com o exercício de comandar os outros; trata-se de assumir um elevado nível de comando sobre si próprio. O verdadeiro "poder" pessoal significa que não tem necessidade de dominar os outros. Se estiver totalmente seguro de si próprio, não procura nada nos outros, o que é, provavelmente, o motivo porque o acham tão atractivo.

Todos têm o seu reino de "poder" pessoal. É uma qualidade interna: não pode olhar para alguém e reclamar esse poder para si próprio.

Força interior

É necessário força interior para viver em pleno em sociedade. O nosso mundo moderno e repleto de pessoas pode ser um local mental e emocionalmente cruel. Ter força interior significa que pode lidar com os desafios da vida, seguir o seu próprio caminho e continuar a ser verdadeiro consigo próprio.

A força interior significa ser quem realmente é e a viver como deseja, não permitindo que os outros o abalem, o prejudiquem emocionalmente ou o distraiam do seu percurso: mantém-se flexível, consciente do seu mundo interior e exterior, reactivo, empático, afectuoso para com os outros e responsável pelas suas próprias acções.

A força interior permite-lhe mostrar a sua vulnerabilidade e sentir-se suficientemente confortável para parecer fraco pela razão que não precisa de fingir ou de apresentar uma faceta mais dura aos outros. Os que o rodeiam sentem-se atraídos por este tipo de expressão porque sabem que é totalmente honesta; não está a tentar enganar ninguém em nenhum momento: e isso começa por não se enganar a si próprio!

> Por melhor que se guie a si próprio, muitos podem reagir contra quem tem elevados níveis de "poder" pessoal e de integridade, porque pode desafiar o seu próprio modelo.

Autoconfiança

O "poder" pessoal aumenta com a autoconfiança, o que significa ser capaz de lidar com os desafios da vida, com energia, recursos, afecto e aprovação sem se sentir "carente" em relação aos outros.

Quando tem autoconfiança, sabe conduzir a vida porque acredita em si e no Universo e sabe que todas as coisas são temporárias: nada dura para sempre;

quer sejam bons ou maus, alturas paradas ou realmente difíceis. O que quer que esteja a acontecer e o que quer que os outros estejam a fazer à sua volta, ou a si, quando tem autoconfiança, mantém a sua paz interior, ouve, está em contacto com o seu corpo e concentra-se mesmo no meio do caos.

Ter autoconfiança significa que decide como se sente: responde em vez de reagir e dá afecto mesmo em circunstâncias difíceis. É flexível e capaz de mudar aquilo que faz de forma a responder apropriadamente às situações ou aos outros, com novas ideias e formas de encarar as coisas, sempre que necessário. Não significa que não considere as opiniões dos outros ou que crie grandes barreiras; pelo contrário. Como não depende dos outros, é-lhe mais fácil manter relações saudáveis em vez de procurar constantemente a aprovação dos outros.

Este tipo de personalidade não precisa de chamar a atenção, de ser o alvo das atenções ou de falar na maior parte do tempo; sente-se confortável em ser quem é e não necessita do apoio dos outros ou que reforcem o quanto vale.

Alguém com autoconfiança evita parecer "mais fraco" em relação aos outros e normalmente não:

- Faz tentativas para impressionar.
- Esforça-se por autojustificar.
- Pede acompanhamento ou aprovação.
- Dá demasiada atenção não genuína.
- Lança boatos ou tem conversas semelhantes quando tenta relacionar-se com alguém.
- Está falsa e demasiadamente preocupado.
- Tenta conquistar um favor.
- Finge estar interessado em tudo o que alguém diz.

Presença

Alguém que tenha presença é difícil de descrever ou de racionalizar: tal como em outras áreas do "poder" pessoal, poderá ser formada de muitos elementos. É vista como uma qualidade exterior mas, na realidade, reflecte as qualidades internas. Tem um sentido de valor e de confiança, que sabe que o seu objectivo de vida tem valor e que está neste mundo para fazer a diferença. Quando falam, é porque acreditam que é algo importante ou relevante.

> Deixe a sua luz interior iluminar o Mundo.

Alguém com presença pessoal mexe-se e recorre ao corpo de uma forma centrada e com objectivo. O seu corpo e energia comunica com o mundo exterior e toca as pessoas, ao mesmo tempo que mantêm o seu espaço com confiança. Este tipo de pessoas transporta uma energia consigo que quase se pode tocar: isto tem origem no sentido que têm em relação a quem são e da consciência que têm em relação ao seu objectivo.

Não é apropriado em todas as situações ou em determinadas empresas ter o "nível" de presença pessoal muito vincado. À medida que se apercebe da sua presença, experimente doseá-la, dependendo das pessoas com quem está e o que pretende alcançar... muitos podem considerar um elevado nível de presença pessoal um pouco exagerado e podem retrair-se, a não ser que estejam a usar óculos escuros!

Ser inspirador

Uma qualidade notável das pessoas que assumiram o seu "poder" pessoal é inspirarem os outros. Têm uma visão em que acreditam, a qual os outros aceitam e na qual também acreditam. Elas possuem uma qualidade que toca em algo nas pessoas e que lhes possibilita libertarem a sua própria energia, criatividade e acção.

Alguém inspirador dá um exemplo de grandeza e apresenta uma energia entusiástica que ajuda os outros a identificarem o seu próprio potencial, não realizado. Quando identificam essa projecção de si próprias em alguém que elas admiram, libertam-se das suas próprias limitações e expandem-se à sua própria maneira.

> **Pergunte-se:**
> - Quem o inspira e como o faz?
> - Como é que inspira os outros?

Alguém que inspira transmite a sensação de que se está a esforçar ao máximo para atingir o que quer e para ser o melhor que pode; têm um excelente desempenho para serem aquilo que são e comunicam com um entusiasmo quase contagioso, fazendo com que os outros queiram imitá-los.

Modéstia e humildade

As áreas do "poder" pessoal abordadas são ferramentas possantes de elevado potencial para os Comunicadores de Sucesso. É por isso que é tão importante equilibrar ferramentas como a força interior, a autoconfiança e a presença pessoal com modéstia e humildade.

Ser modesto e humilde pode ajudá-lo a "manter os pés no chão", especialmente quando esteve a trocar energia a níveis necessários para o seu "poder" pessoal. A modéstia e a humildade também podem evitar que exagere em relação ao seu "poder" pessoal e presença! Lembre-se de que todas as qualidades descritas neste Poder devem ter origem certa: não resultam da arrogância ou da necessidade de aceitação por parte dos outros.

Sugestões para Comunicar com Sucesso:

1. Não seja tímido; atreva-se a dar um passo no seu "poder" pessoal e ser o mais majestoso que possa. Lembre-se de que todos somos iguais por dentro, o que significa que tem tanto "poder" pessoal como qualquer outra pessoa no planeta. Este é um pensamento grandioso e assustador!

2. Repare nas formas como as pessoas à sua volta, em casa ou no trabalho, podem tentar fazer com que se sinta menos autoconfiante. Confie em si próprio para ter a certeza de que consegue lidar com o que quer que aconteça.

3. Desenvolva um sentido de presença: confirme os seus níveis de energia internos e o seu sentido de intenção. Permita que a sua luz ilumine o mundo.

4. "Mantenha os pés no chão". Lembre-se de que precisa de caminhar com os "pés assentes na terra" enquanto estiver vivo. Permita que a modéstia e a humildade o mantenham realista e lhes dêem poder em simultâneo.

Atracção

Percebemos como os Comunicadores de Sucesso têm elevados níveis de autoconfiança e de "poder" pessoal. Isso significa que não dependem dos outros para obterem aprovação para se sentirem atraentes ou necessários. Sabem que se sentirem confortáveis com eles próprios, atraem tudo o que necessitam para as suas vidas.

O que significa ser atraente?

Quando atrai os outros, eles querem partilhar o seu tempo e a sua companhia. Poderá significar que mais clientes queiram fazer negócio consigo, amigos se esforçem mais por si, pessoas que são atraídas para si com um sentimento afectuoso, ou quem queira rasgar-lhe as roupas e fazer amor apaixonado consigo... Pense em todas as possibilidades, à medida que muitos o acham atraente de várias formas...

Aparência física

É fácil assumir que ser atraente tem a ver com uma questão de aparência física, mas não é (felizmente!). Ser atraente é mais do que a nossa imagem.

Quando conhecemos alguém pela primeira vez, há vários elementos de atracção envolvidos, para além da aparência.O seu corpo e a energia que o rodeia projectam continuamente os pensamentos, as emoções e as suas intenções para o mundo. Apesar de não percebermos conscientemente o verdadeiro "eu" que está a ser projectado desta forma, os sinais que envia para o exterior chegam ao nosso subconsciente e fazem com que se torne menos atraente, independentemente da beleza física.

Pergunte-se:
- O que é para si alguém atraente, ou não?
- O que é que existe em certas pessoas que faz com que todas as outras as considerem atraentes?
- Porque é que ninguém acha algumas pessoas atraentes?
- Mais importante: como é que nos podemos tornar mais atraentes para todos?

A ilusão da aparência física

O que vê quando se olha ao espelho não é o que todos os outros vêem: o que vê é uma interpretação própria da sua aparência. Quando olhamos para outra pessoa, normalmente tiramos conclusões automáticas, fazemos comparações ou julgamentos, por muito imprecisos que sejam, acerca do tipo de pessoa que é e, consequentemente, de quão atraente é para nós. Por exemplo (veja as notas de rodapé para saber a verdade!):

11 | Revelar o seu "poder" pessoal (191)

- Ele tem cabelo comprido; deve ser um *hippy* preguiçoso.*
- Ela é desleixada na forma de vestir; deve ser uma "sem-abrigo".**
- Ele tem a cabeça rapada; deve ser um *hooligan*.***
- Ela tem um hábito de freira vestido; deve ser muito devota e piedosa.****

Podemos fazer com que os outros nos achem mais atraentes?

Não podemos fazer com que os outros nos achem mais atraentes tal como não podemos fazer com que gostem mais de uma comida em particular. Se depende dos outros para decidir se é atraente, ou não, transforma--se numa vítima das opiniões dos outros. O que pode fazer é mudar a forma como se vê a si próprio, o que, normalmente, tem o efeito de mudar a forma como os outros o vêem a si.

Antes de se tentar mudar, ou de dizer que *deveria* ser diferente daquilo que é, observe de forma honesta como é hoje...

Pergunte-se:
- Até que ponto precisa que gostem de si?
- Sente-se feliz na sua própria companhia?
- Que mensagens é que o seu corpo transmite aos outros? O que é que diz a forma como está de pé ou se senta?
- Como é que se sente por dentro acerca de si próprio?
- Quais os pensamentos e emoções que o conduzem pela vida?
- Que sentimentos faz transparecer através do seu rosto? Que sentimentos tenta ocultar do seu rosto?
- Que tipo de "energia" o rodeia? Que tipo de atmosfera é que traz consigo quando entra numa sala ou está perante determinada situação?
- Que qualidades atractivas é que já tem?
- Até que ponto depende das opiniões dos outros para se sentir atraente?

---

* **N.T.** Na realidade, é um actor famoso que deixou crescer o cabelo para um papel na peça Macbeth, da companhia de Teatro Royal Shakespeare.

** **N.T.** Ela é a presidente executiva de uma grande empresa a caminho de uma acção de caridade e ajuda a pessoas "sem-abrigo", tal como faz todos os sábados de manhã.

*** **N.T.** Ele está a fazer quimioterapia.

**** **N.T.** Ela é uma prostituta depois de ter estado com determinado homem com fantasias em relação ao hábito!

(192) Comunicar com Sucesso

- O que é que a sua maneira de vestir, o seu cabelo e a sua maquilhagem dizem, ou escondem, sobre si?
- Quem são as pessoas mais atraentes na sua vida? O que é que faz com que elas sejam atraentes?
- Vê algumas dessas qualidades em si próprio? O que é que poderia fazer para melhorar essas qualidades?

Autoconfiança interior

Provavelmente, a qualidade que mais atrai é a autoconfiança interior. Mas isto não significa que tenha de se tornar egoísta ou que pense que é melhor do que qualquer outra pessoa. Quem tem autoconfiança está à vontade na sua própria pele: têm paz interior e aceitam-se a elas próprias e às outras, o que lhes dá uma calma que atrai os outros.

Em contraste, com quem é superficialmente autoconfiante, que depende da aprovação dos outros ou de acontecimentos externos para se sentirem bem com elas próprias: consequentemente, a sua autoconfiança é uma fachada e elas tornam-se exageradas: "Não sou maravilhosa?", "Veja como o chão adora que eu o pise!", etc. Esta fachada é, normalmente, uma tentativa de esconder a sua insegurança, o que pode fazer com que sejam uma má companhia.

> A atracção que vem do interior do seu "eu" é mais fiável porque provém de uma fonte infinita.

Se não tiver autoconfiança intrínseca, como é que a descobre? À medida que segue os "poderes" deste livro, que responde às perguntas e cumpre as minhas sugestões, começará a conhecer o seu verdadeiro "eu" e tornar-se-á mais confiante em relação ao seu lugar no mundo: só isto, é a melhor forma de alimentar a sua paz interior e a sua autoconfiança.

Quanto mais em paz estiver consigo, mais pessoas, gatos, cães, cavalos, boa sorte, oportunidades e tudo o resto que o Universo tem para oferecer será atraído para si.

Pode agradar a muitas pessoas em várias ocasiões!

Temos desenvolvido como se pode tornar atraente para mais pessoas, mas podemos não ter sucesso com todas... Será difícil, não há nada que se possa fazer para controlar os outros, que estão a perder a nossa agradável companhia nas suas vidas! Deixe-as viver com isso, deixe-as em paz, enquanto continua a levar alegremente a sua vida em frente, a ser o seu verdadeiro "eu" e a aproveitar a sua própria vida.

> Assuma o seu próprio poder dizendo para si próprio que é atraente, independentemente do que os outros pensam.

Sugestões para Comunicar com Sucesso:

1. Perceba o quanto é especial: observe tudo o que pode fazer e que, normalmente, assume como garantido. Alguma coisa que parece ser relativamente pequena e insignificante para si, como cozinhar lasanha ou resolver palavras cruzadas, pode ser uma grande conquista aos olhos de alguém.

2. Sorria muito e vista-se para si próprio.

3. Tome medidas para conquistar mais autoconfiança interior. Lembre-se de que a autoconfiança tem origem em ser agradável para si próprio e em alimentar um sentido de paz interior. Veja a secção "Ouvir os seus pensamentos", do Segundo Poder, e repare na maneira como o seu interior lhe transmite o que é que o faz sentir mais ou menos atraente.

4. Afaste o seu enfoque da forma como se vê do lado de fora: de qualquer forma, todos somos iguais por dentro (em termos gerais)!

5. Reduza as expectativas dos outros e diminua a necessidade de ser aceite pelos outros.

Confiança

Há muitos benefícios em desenvolver o seu "poder" pessoal: um deles é a capacidade crescente de acreditar no que quer que a vida tenha para lhe oferecer. Os Comunicadores de Sucesso conhecem o valor da confiança: de confiarem neles próprios, de confiarem nos colegas e nos entes queridos, de confiarem nos profissionais, de confiarem nos resultados e de confiarem nos processos da vida.

Sempre que entra num avião, confia no piloto, e sempre que vai a uma consulta médica é porque confia no médico. Sempre que come num restaurante, confia no *chef*, sempre que conduz um automóvel, confia nos outros utilizadores da estrada, e sempre que se apaixona, confia, de todo o coração, no seu(sua) amado(a). Toda a nossa vida é construída com base na confiança e, mesmo assim, quando nos é pedido para confiarmos conscientemente, normalmente achamos difícil.

Isto não significa que os Comunicadores de Sucesso nunca esperem que os deixem mal; em vez disso, aceitam o facto dos outros mudarem, de nada na vida ser certo e de todas as coisas fluírem, incluindo a confiança.

Já alguma vez confiou em alguém e apanhou uma desilusão?

Se nunca confiou nem apanhou uma desilusão então é uma raridade. A maioria de nós já passou, certamente, pela experiência de acreditar em alguém e de se desiludir.

Esta é uma das lições importantes da vida, que nos transmite uma escolha: podemos fechar-nos e deixarmos de confiar nos outros no futuro, ou podemos utilizar a nossa experiência para ir ainda mais à frente na vida.

Como é que pode ter a certeza de que alguém é de confiança? Não tem! Simplesmente, tem de confiar! Se tivesse a certeza que alguém é digno de confiança, não se trataria de "confiança" mas de uma certeza... "Confiança" tem uma componente de incerteza: há a possibilidade, por mais remota que seja, de a confiança poder ser quebrada.

> "Confiança" tem um elemento de incerteza; o que faz com que a confiança seja um bem tão valioso e precioso é a possibilidade de ela ser quebrada.

É justo dizer que a confiança pode levar muito tempo a ser construída, mas que precisa de apenas um momento para ser destruída. Porém, ao recusar-se a confiar noutra pessoa no futuro, fica preso a uma situação, na qual continua a sentir-se magoado pelo momento de desilusão do passado. Se passar a sua vida a acreditar que não pode confiar, é provável que a sua confiança seja repetidamente quebrada.

> **Pergunte-se:**
> - Em quem é que pode realmente confiar? Pode realmente confiar nos seus amigos, no governo, no empregador, nos empregados, num parceiro de negócios, nos filhos, no marido(mulher), no seu marido ou na sua mulher com a sua(seu) melhor amiga(o)?
> - Eis uma pergunta interessante: pode confiar em si próprio? Pode confiar em si próprio a ponto de: ser digno dos seus sonhos, dos seus valores, a ponto de poder ser você próprio e de fazer o que está certo para si, não se deixando ir abaixo em momentos-chave, a ponto de se poder defender a si próprio, aos seus princípios ou aos seus entes queridos se a coisas correrem mal?

As outras pessoas podem confiar em si?

Felizmente, a sua resposta à questão acima é "sim". Porém, pode haver alturas na sua vida nas quais, mesmo que seja uma pessoa digna de confiança, ser verdadeiro para consigo próprio significa fazer algo que vai contra a base da confiança que a outra pessoa depositou em si. Isto porque aquilo em que acredita e os seus valores podem mudar ao longo da sua vida, o que significa que, se a certa altura era digno de confiança para lhe confiarem algo, assim que passa a ter outras crenças e valores deixa de ser digno de confiança pelo que acreditava no passado.

Acreditar nas pessoas certas

Eis alguns passos simples a dar, que o ajudam a saber como confiar nas pessoas certas:
- Sinta o seu "eu" interior: como é que se sente em relação a determinada pessoa? O que é que as suas emoções lhe dizem em relação a ela?
- Utilize a sua intuição: o que é que os seus palpites lhe dizem?
- Oiça o seu corpo: sente-se relaxado ou desconfortável?

Confiar no "processo"

Confiar no "processo" significa aceitar a forma como as pessoas e as situações são e deixar as coisas desenvolverem-se e desenrolarem-se como devem, sem interferir. Poderá ser um grande desafio de confiança para nós pôr as coisas a andar e depois deixá-las acontecer, permitindo-lhes que sigam o seu curso.

(196) Comunicar com Sucesso

Aquilo de que necessitamos vem ter connosco, mas nem sempre sabemos a razão por que as pessoas estão a fazer o que fazem ou por que as coisas são aparentemente mais difíceis do que nós julgávamos que deveriam ser. Só quando olhamos para trás (ou encaramos as coisas de uma perspectiva mais elevada) é que podemos entender os benefícios ou objectivos por que os processos acontecem de determinada forma na vida.

> O processo de construção de confiança significa permitir que os acontecimentos sigam o seu curso e escolha o que parece ser "o melhor".

Se alguma vez se aperceber de que está a tentar influenciar os outros, os acontecimentos ao insistir, persuadir e manipulá-las de forma a conseguir obter determinado resultado, é porque não confia que tudo se vai resolver pelo melhor. Ao não confiar no resultado, interfere no decorrer do processo e limita o espaço livre que existe para as coisas se resolverem de forma mais natural.

Se confia que as pessoas desempenham os seus papéis, pode ficar desiludido ou desapontado se elas não fizerem as coisas exactamente como queria ou esperava.

> Porém, se aprender a confiar no processo, poderá ter a certeza de que o resultado certo acabará por encontrar sempre o caminho certo até si; normalmente, de formas diferentes, ou melhores, do que aquelas que esperava.

Confiar no Universo

Contra todas as hipóteses, sobrevivemos a viver na fina crosta superficial de uma esfera constituída sobretudo por rocha e que roda constantemente a cerca de mil milhas por hora, voando pelo espaço a uma velocidade que só Deus sabe, exposta a todo o tipo de ameaças físicas, insectos, vírus, acidentes, violência, meteoritos, filmes proibidos, correio "parasita" e ambientes cruéis; mas ainda cá estamos. Por isso, como é que podemos confiar no Universo?

Quem confia no Universo não se limita a sentar-se e a esperar que tudo aconteça; são pessoas activas no mundo, mas têm a noção de que são apoiadas. Possibilitam a comunicação com o incrível e infinitamente complexo acontecimento que é o Universo e participam nele.

11 | Revelar o seu "poder" pessoal (197)

Pense um pouco: se confiasse no Universo para cuidar de si, para lhe satisfazer as suas necessidades de sobrevivência, para lhe trazer as pessoas de que necessita, para se sentir seguro, para lhe dar experiências fantásticas e oportunidades de aprendizagem, qual a pressão que iria sentir sobre si?

Da próxima vez que sentir que tem demasiadas responsabilidades com as quais não consegue lidar; coisas que estão a dar cabo de si, que não sabe como as há-de gerir e para as quais necessita de maior apoio, confirme se confia no Universo para a ajudar.

Confie no poder que criou o Big Bang e que nos colocou neste planeta pela primeira vez: lembre-se de que o poder do Universo tem recursos infinitos.

Sugestões para Comunicar com Sucesso:

1. De que formas pode, ou não, confiar em si próprio? Por exemplo, pode confiar que é honesto quando é necessário, que tem em conta os sentimentos das outra pessoas ou que faz o seu melhor sempre? Acima de tudo, é de confiança no que toca a ser verdadeiro para si próprio? Tente, durante um dia ou uma semana, e veja o que acontece.

2. Até que ponto é que os outros podem confiar em si? É de confiança no trabalho e em casa? Mantém a sua palavra? Quando parece ser de confiança, no que respeita às outras pessoas, está sempre a ser verdadeiro para si próprio?

3. Da próxima vez que estiver sob pressão, confia que o Universo vai resolver as coisas? Veja se se sente mais confortável e se surgem soluções que nunca tinha imaginado.

Travar a intenção (e atenuar a resistência)

Os Comunicadores de Sucesso sabem que têm intenções e confiam que essas intenções se manifestem aos outros. A sua capacidade de confiar é uma expressão do seu "poder" pessoal; uma forma alternativa de o fazer é "travar a intenção e atenuar a resistência". Para o fazer, é necessário total confiança. Conseguem-no dando espaço, permitindo que os outros desempenhem os seus papéis no processo, e não através da utilização da força de vontade em controlar os acontecimentos. É simplesmente uma questão de perguntar o que é que os outros pretendem e de confiar no desenrolar dos acontecimentos.

Tudo é possível se acreditar

Para criar o que quer, primeiro tem de *saber* quais os resultados que pretende obter. Muitos de nós evitam escolher ou nomear o que gostaríamos que nos acontecesse, por várias razões, relacionadas geralmente com as nossas crenças limitativas. A verdade é que se acreditar que algo é possível e que o merece, então isso poderá tornar-se realidade.

> Eis a realidade: tudo é possível e, como qualquer ser divino, merece tudo aquilo que deseja. Quem é que lhe disse o contrário?

Insistir e tentar demasiado

Assim que sabemos qual é o nosso objectivo ou resultado pretendido, começamos normalmente a insistir, a perturbar ou a andar às voltas, como um cão quando persegue um coelho de plástico, para assumir o controlo dos acontecimentos. Pensamos que esta é a forma de superar qualquer resistência, mesmo que esta tenha origem dentro de nós (muito comum!) ou da parte de outra pessoa, ou ainda, do Universo. Porém, aquilo que consideramos "resistência", na realidade não o é: trata-se de *feedback*, o que significa que precisamos de perguntar a nós próprios o que é que nos está a dizer.

Poderá ter de consumir energia, trabalho e concentração naquilo que quer, porém, exagerar com o que quer que seja ou com quem quer que seja não é económico e revela-se ineficaz porque cria resistência.

> Alguém ou alguma coisa só lhe pode oferecer resistência se lhe der algo com o qual possa exercer força no sentido contrário. Se atenuar a força, deixarão de ter razões para resistir.

Se se encontrar envolvido neste processo proactivo de tentativa e a motivar a resistência, pare, inspire e recue. Acalme o seu corpo e mente. Reduza a tensão e deixe as coisas fluírem. Se for mais calmo quando está perto dos outros, elas terão uma sensação inconsciente de alívio: aparenta ser mais atraente e, ao mesmo tempo, ficam com mais espaço para lhe dar mais daquilo que pretende. Se se acalmar em relação ao Universo, começam a acontecer coisas fantásticas; começarão a pensar que é um sortudo e a vida evoluirá num sentido para além do que imaginaria ser possível.

Estar mais calmo perto dos outros

Se alguém não está a fazer o que quer, se está a demorar mais tempo ou a seguir um caminho diferente daquele que queria, evite pressioná-lo, ficar impaciente ou interferir com o trabalho.

É muito provável que a pessoa esteja a seguir o caminho que pensa estar certo para ela e ao seu próprio ritmo. Isto não significa que não alcance o resultado final desejado; de facto, tem maiores probabilidades de o atingir se reduzir a resistência e permitir que a sua própria intenção se manifeste por si só.

Se lutar com alguém para conseguir o resultado que pretende, estará a investir a sua energia na luta, não na intenção. Se conseguir a sua intenção lutando, o resultado não terá a mesma qualidade que teria se deixasse as coisas fluir mais livremente.

Vale a pena lembrar que quanto maior significado tem uma coisa ou alguém para si, mais difícil será atenuar a resistência.

"Atenuar" não é fraqueza

Claro que pode discordar de alguém em relação a determinado princípio, ideia ou comportamento, mas se o fizer sem qualquer carga emocional negativa, não lhes estará a dar qualquer base para fazerem peso no sentido contrário: é como se estivessem a empurrar o ar.

Atenuar a resistência não tem nada a ver com desistir dos seus objectivos, mas significa prescindir de gastar energia e seguir em frente. Tem de estar em "contacto" consigo próprio e vigilante, para evitar cair nos hábitos tipicamente humanos de insistir, tentar ou lutar para fazer com que alguma coisa que pretende aconteça. Isto não é o mesmo que desistir! Pelo contrário: como está a atenuar e a travar a sua intenção, a sua energia mantém-se poderosa e o Universo ou os outros ficam com muito espaço para lhe satisfazerem essa intenção.

Geralmente, as suas intenções surgem sob formas que nunca tinha esperado; normalmente, melhor e mais facilmente... As pessoas podem chamar-lhe "sortudo"... hum... quem sabe?

Sugestões para Comunicar com Sucesso:

1. Repare no que tem vindo a fazer quando as coisas aparentam ser realmente fáceis. Mais do que isso: repare como está a ser quando as coisas aparentam ser realmente fáceis.

2. Repare nas coisas em relação às quais está obcecado, que não consegue largar e nas quais não consegue deixar de pensar. Até que ponto isto é ineficaz para si e qual a quantidade de energia que isso lhe custa?

3. Repare no que o seu corpo faz quando a resistência está presente: veja se consegue libertar o seu corpo, relaxando os seus ombros, costas ou qualquer outra parte do corpo onde sinta habitualmente tensão.

4. Desista da necessidade de pressionar ou de controlar os outros: lembre-se de que nada disto terá significado para si daqui a cem anos.

Quando comunica utilizando o seu "poder" pessoal, expressa o seu direito de nascença enquanto ser humano, que é ainda maior do que imagina. No último poder, vamos descobrir como é que os seres humanos estão relacionados uns com os outros e com a infinita magnificência do próprio Universo.

(12)
Décimo segundo poder: Pergunte ao Universo

Neste capítulo irá aprender:

- a comunicar com o Universo
- a escolher os companheiros certos da vida
- a proporcionar encontros casuais

(202) Comunicar com Sucesso

Faltavam apenas duas semanas para o Natal e um amigo convenceu-me a ir a uma consulta de um famoso especialista que "lia as mãos", chamado Daniel Moon, localizado na popular rua londrina, a Kings Road.

Assim que olhou para a palma da minha mão, Daniel Moon disse-me que havia alguma coisa que não fazia sentido: "... no início do próximo ano, fará muito pouco; poderá mesmo dizer-se que ficará na cama a ler um livro..."

Faltava uma semana para o Ano Novo e eu caí de um cavalo e parti o pulso. Na altura, era pianista em Londres, por isso, trabalhar não era uma opção e disse ao meu agente que não iria tocar durante umas semanas. (Como se pode perceber, esse acontecimento fez com que mudasse completamente o rumo da minha vida, por isso, ao longo de todos estes anos, o meu agente continua a esperar que regresse ao trabalho!)

Durante o mês de Janeiro, vi-me sentado na cama, tal como o sr. Moon tinha previsto, a ler um livro clássico sobre cavalos, escrito pelo grande mestre Alois Podhajsky, e que aborda a tradição de longa data de treinar os cavaleiros e os cavalos na Escola de Equitação Espanhola, em Viena, os cavalos Lipizzaner brancos dançantes. Uma das frases que me chamou a atenção foi a de que não se pode ser um verdadeiro tratador de cavalos até se ter "iniciado" ("domesticado") e treinado um cavalo completamente sozinho. Na altura, enquanto praticante de equitação amador, isso pareceu-me uma tarefa muito ambiciosa de concretizar. Porém, queria tornar-me um profissional e, como estava desejoso, estabeleci como objectivo que um dia iria encontrar um cavalo jovem para "iniciar" e treinar.

Passado perto de um ano, o meu braço estava totalmente recuperado e as coisas seguiram em frente; vivia nessa altura nos arredores de Exmoor, a trabalhar com cavalos, por isso, comecei a procurar uma jovem égua calma para a "iniciar" e treinar, como se isso fosse a melhor escolha para um novato. O que não pensei foi que, como tinha registado as páginas de fotografias e de histórias acerca dos Lipizzaner, quando defini o meu objectivo, o Universo estava a ouvir e iria responder, dando-me o que, inconscientemente, visionei. Em vez de uma égua fácil, o Universo ia-me dar o que realmente sonhei e pedi: um puro-sangue Lipizzaner macho para "iniciar" e treinar.

Viajei por Inglaterra à procura da fêmea certa, sem grande sucesso. Entretanto, num dia húmido e cinzento de Inverno, enquanto observava alguns cavalos para venda nas colinas da escura e recôndita zona do País de

Gales Ocidental, reparei num macho branco escondido nas sombras, na parte de trás de um estábulo; os olhos brilhantes, o pêlo resplandecente e a sua presença era sentida mesmo na escuridão. Pedi aos proprietários para me falarem sobre ele; disseram que só tinha sido utilizado em trabalhos de rotina com machos e que não estava à venda. Dois meses depois, concordaram em vendê-lo; chegou esbaforido, aos saltos, a recuar e a tentar destruir a corda; os seus músculos contraídos, a testosterona a sair por todos os poros enquanto anunciava a sua chegada e permitia que todos os machos da vizinhança soubessem que estava ali preparado para eles. Lembro-me de pensar: "Oh, céus, no que me meti? Será este o primeiro cavalo que vou 'iniciar' e treinar? Será este o meu professor, um macho Lipizzaner com cerca de 410 quilos de peso?"

> Os Comunicadores de Sucesso estão conscientes daquilo que comunicam, não só para eles próprios e para as outras pessoas, mas para o Universo; e percebem que cada comunicação é ouvida e respondida da mesma forma pelo Universo.

Mesmo quando não queremos, perguntamos coisas ao Universo. Até "acidentalmente" perguntamos ao Universo coisas que nunca quereríamos. Quando parece que o destino nos está a "estender uma mão" com algo de mau, pode ser difícil aceitar que possamos realmente ter pedido – intencionalmente, ou não – o que quer que esteja a acontecer nas nossas vidas. Não há palavras mais certas do que as do velho ditado: "Tenha cuidado com o que pede; poderá consegui-lo!" Como os Comunicadores de Sucesso estão conscientes deste fenómeno, sabem o tipo de vida e de relações que criam em cada momento através das mensagens que enviam para o mundo.

Há um lado mais positivo da medalha: se somos responsáveis por pedir as experiências e as relações que temos nas nossas vidas, isso significa que estamos no lugar do condutor. Tudo o que precisamos é de comunicar bem, de forma a criarmos a vida que queremos viver. E tudo é possível!

Como pedir o que necessita para que resulte:

- Peça de forma clara e o Universo, instantaneamente, colocará tudo a funcionar para responder ao seu pedido, quer esteja consciente dele quer não.

(204) Comunicar com Sucesso

- Aperceba-se de como comunica consigo, com os outros e com o Universo através dos seus pensamentos, palavras, emoções e acções. Comece a reparar de que forma é que todos contribuíram para aquilo que é hoje.

- Peça o que quer de forma calma e desinteressada.

- Faça o seu pedido, saia do caminho e depois permita que lhe seja respondido. Resista à tentação de se preocupar sobre o mesmo. Assim que tenha enviado a mensagem, espere. Quando coloca uma carta no correio não lhe prende um fio para a acompanhar pelo sistema de correios, pois não? Se o fizesse, ela nunca chegaria ao seu destino. Se "prender" aquilo que pede, isso não será respondido porque nunca "chegará realmente ao destino".

- Reconheça quando é que o seu pedido é respondido, mesmo das formas mais simples. Por vezes, o Universo comunica de volta dando-lhe uma pequena amostra daquilo que pediu, com se lhe estivesse a perguntar: "Era isto que tinha pedido?" Agradeça qualquer sinal de que o seu desejo foi satisfeito, mesmo que seja de forma simples, e o Universo perceberá o que quer e dar-lhe-á mais do mesmo.

> Lembre-se de que tudo na vida é uma sucessão de estapas; mais um passo a dar. Não há um final definido, simplesmente mais portas por onde se entrar e mais território para explorar.

- Por vezes, o Universo ouve o nosso desejo e dá-nos algo diferente daquilo que esperamos. Isto é porque o nosso verdadeiro "eu" comunica um valor, uma necessidade inconsciente, diferente do que pensávamos que queríamos.

- O Universo dá-nos algo para satisfazer o verdadeiro valor ou necessidade, não o nosso desejo superficial. Por exemplo, podemos desejar ser mais magros e atraentes; não emagrecemos, mas, pouco tempo depois, conhecemos um novo amor extraordinário. O que o Universo ouviu foi a mensagem subjacente de que queríamos amor: emagrecer era só a nossa forma limitada de pensarmos que poderíamos melhorar as nossas hipóteses de atrair o amor; mas o Universo ouviu o verdadeiro pedido e soube que a dieta era desnecessária.

> Pense nos valores subjacentes que pretende satisfazer quando pede ao Universo e lhe permite que traga a resposta para seu bem. Não ficará desapontado.

- Coloque os desejos de um ponto de vista positivo e evite utilizar frases como "não fazer", "não poder" e "não", por exemplo, "Eu não quero ficar sozinho na velhice", ou "Não consigo ver-me a encontrar o meu verdadeiro amor, a minha verdadeira alma gémea", ou "Não será fácil para mim arranjar outro emprego que valha a pena". O problema é que o Universo ouvi-lo-á a dizê-lo e fará o seu melhor para provar que está certo; por isso, é provável que acabe a velhice sozinho, que não encontre o seu verdadeiro amor e que não arranje um trabalho que valha a pena.

- Desista de crenças limitativas. Isto significa abandonar os pensamentos que tem em relação ao que não é possível para si na vida. Esses pensamentos atrasam-no. Como é que sabe realmente o que é possível e o que não é?

- Repare na forma como comunica com o Universo, através do que diz, pensa, ou faz, para lhe trazer o que quer. Repare na forma como comunica com o Universo para lhe trazer o que não quer. Lembre-se do ditado "Peça e receberá!".

- O Universo revela-lhe as pessoas certas que necessita. Quando elas chegarem, tudo o que tem a fazer é reconhecê-las e utilizar as suas competências de Comunicador de Sucesso para integrá-las na sua vida, de uma forma que resulte para elas e para si.

- Não há necessidade de GRITAR! Pode sussurrar quase em silêncio absoluto que o Universo o ouvirá, desde que o seu pedido seja claro e congruente. Por vezes, os pedidos mais silenciosos e sussurrados são aqueles que têm mais respostas.

> Reconheça o "valor" subjacente do que pretende com determinado desejo. Valores mais elevados – baseados em actos afectuosos ou generosos – são mais facilmente atendidos.

Sugestões para Comunicar com Sucesso:

1. Encare tudo o que já lhe aconteceu e o que lhe está a acontecer como se o tivesse pedido (OK., pode ter enlouquecido, mas isso não está em discussão aqui!).

2. Se pediu tudo aquilo que lhe aconteceu, mesmo as partes mais difíceis, pergunte a si próprio o que gostaria que cada acontecimento lhe ensinasse. O que é que defende, positivamente, de forma a beneficiar disso? Se o conseguir fazer, ficará numa posição muito mais poderosa e responsável.

3. Olhe para alguns à sua volta e veja como eles "pediram" o que lhes aconteceu.

4. Experimente sussurrar um pedido ou pensamento de forma incrivelmente clara e silenciosa, depois, aguarde. Veja o que acontece.

5. Experimente "pedir" as relações e a vida que quer, mais do que funciona e menos do que não funciona. Isto poderá parecer ridiculamente óbvio, mas devido aos nossos compromissos, padrões, hábitos e crenças, poderá ser algo muito difícil de concretizar!

6. Experimente pedir para a sua vida ao Universo, através de pensamentos, relações e experiências aquilo que realmente gostaria: seja audaz e ambicioso... Para reiterar: QUALQUER COISA É POSSÍVEL!

Escolher os seus companheiros da vida

A vida é, por vezes, um desafio, imprevisível e uma aventura complexa, com muitas mudanças inesperadas. Todos e cada um de nós está a fazer o seu caminho e a viver a sua própria aventura de vida. Ninguém mais pode percorrer o mesmo caminho ou viver a sua aventura de vida. Nenhuma outra pessoa pode seguir o seu caminho, por muito que até quisesse; o que os outros podem fazer é acompanhá-lo pela vida como companheiros, guias, aliados e amigos, tornando a sua "viagem" mais divertida, excitante, plena e preenchida.

Se aceitar a ideia de que tudo na sua vida é algo que escolheu ou, de qualquer forma, pediu, então isso inclui os outros com quem a partilha. Os Comunicadores de Sucesso são muito competentes a atrair e a escolher bons companheiros para os acompanharem na sua vida. Sabem o valor de estar com as pessoas que trazem qualidades positivas às suas vidas e cultivam afectuosamente essas relações.

A nossa capacidade para seleccionar as pessoas certas como companheiros de "viagem" tem um efeito enorme na qualidade e na experiência de tudo o que fazemos. Os companheiros certos tornam os bons momentos sempre memoráveis e os piores mais fáceis de gerir.

Pergunte-se:
- À medida que segue na vida, quem gostaria que o acompanhasse?
- Que qualidades é que os outros têm de ter para melhor o ajudarem e apoiarem a viver uma vida com mais amor, bem sucedida e muito preenchida?
- As pessoas precisam de pessoas; é assim que somos... De que tipo de pessoas necessita?

Com seis mil milhões de pessoas no mundo, escolher amigos e companheiros pode ser uma tarefa complicada! De certa forma, cada pessoa na sua vida tem um papel a desempenhar no seu percurso de vida. Estes papéis são muito variados: parceiros, familiares próximos, colegas de trabalho, amigos, professores, guias espirituais, amantes, rivais... a lista é interminável.

Destino, o Universo, possibilidade, sorte ou o que quer que lhes queira chamar, trarão muitas pessoas à sua vida: algumas virão para o ensinar, outras para o apoiar, outras para o pressionar, outras para o recompensar, outras para criar experiências magníficas, outras para o desafiar, outras para o amarem pelo que é, e outras – assim parece – para não fazerem nada!

Cabe a si decidir quem deve manter na sua vida e quem deve só "passar" por ela. Você decide como deve integrar as pessoas na sua vida e como criar algo compensador com elas; ou quando deve recusar as oportunidades e pedidos especiais que diferentes pessoas lhe trazem.

Quem resolve problemas e quem os cria

Não seria bom se os outros pudessem resolver os nossos problemas? Mas, infelizmente, ninguém pode, independentemente do muito que gostaríamos que isso acontecesse (apesar de alguns criarem-nos problemas de forma muito eficaz, não?) Mesmo que os mais próximos de si não possam dar-lhe as respostas, podem ajudá-lo a encontrá-las.

Da mesma forma, não podem percorrer o seu caminho por si, mas podem ajudá-lo a continuar nele. O problema é quando, por vezes, convidamos companheiros que parecem tornar o caminho mais difícil de percorrer, mas o desafio de andar com estas pessoas "difíceis" dá-nos força, para nosso próprio bem.

Pergunte-se:
Pense em quem tem significado na sua vida neste momento:
- Estão a ajudá-lo ou a prejudicá-lo no seu percurso?
- Estão a facilitar ou a dificultar-lhe a forma como vive a sua vida até atingir a glória máxima?
- Se o estão a prejudicar ou a dificultar a vida, procure as dádivas, ou seja, as formas através das quais poderá beneficiar daquilo que lhe trazem: convidamos as pessoas a entrarem nas nossas vidas porque nos trazem potenciais dádivas, quer se concretizem quer não.

Numa escala de 1 a 10 (onde "1" é "tornar a vida muito difícil"; "5" é "elas não estão a acrescentar nem a tirar nada à sua vida"; e "10" é "trazem um valor incrível para a sua vida"), atribua uma classificação aos seus companheiros.

De que forma os poderia encarar para lhes atribuir classificações mais elevadas?

Qualidades positivas – Pensamentos positivos – Linguagem positiva

As qualidades que procura nos seus companheiros dependem, até certo ponto, da sua própria natureza e do tipo de relações e experiências que pretende criar. Porém, existem algumas qualidades gerais que podem ajudar se as encontrar nas pessoas que conhece. O que dizia se conseguisse criar uma amizade com companheiros de vida que tivessem algumas das qualidades seguintes:

Afectuosos	Dignos de confiança
Corajosos	Talentosos
Gentis	Compreensivos
Prudentes	Divertidos
Encorajadores	Flexíveis
Bons ouvintes	Entusiásticos
Úteis	Concentrados
Pacientes	Inspiradores

Numa escala de 1 a 10, como é que se classificaria a si próprio em cada uma das qualidades anteriores? Para atrair pessoas para a sua vida com estas qualidades, poderá ser mais fácil se você próprio desenvolver mais destas qualidades.

Lembre-se de que está a seguir a sua viagem de vida com estas pessoas como companheiras, mas que também segue a viagem como companheiro delas. Quantas mais qualidades "desejáveis" possuir, mais será convidado a unir-se a parcerias, associações e percursos.

> A luz atrai a luz e as pessoas positivas atraem experiências positivas: esteja perto de pessoas que atraem a luz e seja você a atrair a luz.

Sugestões para Comunicar com Sucesso:

1. Pense na sua vida como um percurso e nas pessoas na sua vida como uma parceria de companheiros de viagem. Repare como qualquer um dos companheiros que escolheu lhe trazem algumas dádivas, benefícios e aprendizagem no seu caminho.

2. Aproveite a companhia de quem o acompanha. Experimente a sensação de conexão e de gratidão pelo facto de elas estarem dispostas a fazer parte da sua história (mas não do seu drama!).

3. Identifique os papéis que desempenha na vida dos seus companheiros e na forma como os acompanha nos seus percursos.

(210) Comunicar com Sucesso

4. Tenha uma ideia clara sobre o tipo de pessoas que pretende como companheiros e mantenha-se disposto a permitir que entrem na sua vida; ficará surpreendido com quem irá aparecer. O ditado "quando o aluno está pronto, o professor aparece" poderá ser igualmente aplicado a qualquer "vaga" que tenha nas suas relações: quando está pronto para receber uma determinada pessoa, ela aparecerá, como parceira, contacto de negócios, professora, aliada, inimiga, concorrente, grande amiga ou alma gémea... as possibilidades são inesgotáveis.

5. Veja se está a levar tudo demasiado a sério: lembre-se de que você, a sua vida e as pessoas que nela participam, simplesmente, estão a desempenhar papéis num filme. A realidade pode ser bem diferente do que pensamos que seja!

Planear encontros casuais

Durante um intervalo numa *workshop* que estava a orientar, um amigo – que é um brilhante gestor de topo na área da formação e desenvolvimento numa empresa multinacional – colocou-me uma pergunta divertida e aparentemente paradoxal:

"Então, Perry, como é que planeias um encontro casual?" Na sua essência, esta questão parecia uma contradição de conceitos, mas, na realidade, muitas das origens da sorte, possibilidades e sucesso podem resumir-se exactamente em: planear encontros casuais! O tipo de encontro casual a que me refiro pode envolver um parceiro de vida, um contacto de negócios, um amigo ou alguém de quem precisa, mas que possivelmente pensou que nunca iria encontrar.

Os Comunicadores de Sucesso acreditam que existem formas de aumentar a "boa sorte" e de melhorar as probabilidades de trazer com sucesso as pessoas certas para a sua vida. Para que isto aconteça, parece que estão sempre no lugar certo, à hora certa e que estão dispostas a reconhecer os momentos de sorte.

Criar encontros casuais

"Esbarrar" com as pessoas certas ajudá-lo-á a viver a vida que gostaria, por isso, eis algumas questões para o fazer pensar como pode criar encontros casuais:

12 | Pergunte ao Universo (211)

- Que círculos sociais é que pretende criar e como os poderá expandir ou encontrar novos?
- Como é que encontra as pessoas "certas"? Sabe quem são realmente as pessoas certas? O que faz quando as conhece?
- Que convites é que recebe? Que convites é que pode fazer? Que convites faz? Que convites recusa?
- Quais as convicções limitativas que tem sobre a sua capacidade de conhecer pessoas ou de se integrar em diferentes círculos?
- Já tentou "pedir" ao Universo quem gostaria que aparecesse na sua vida sem se preocupar "como" é que surgirá? O que poderá acontecer se puser de lado as suas limitações baseadas no que pensa que é possível e deixar que a pessoa "certa" chegue até si?
- Que esforço é que está a fazer, em oposição ao que pede e ao que "permite" que chegue até si?
- O que poderia fazer de diferente para abrir novos canais e permitir que novas pessoas entrem na sua vida?
- Está a ser demasiado específico em relação a quem pensa que quer na sua vida?

Conhecer as pessoas "certas"

Como define quem são as pessoas "certas"? De alguma forma pode dizer que quem entra na sua vida são as pessoas "certas": mas é o que escolhe fazer ou concretizar com a oportunidade e com a pessoa que o faz acreditar que ela seja "certa" ou "errada".

O que quer, e quem quer que esteja na sua vida neste momento é o que é certo para si agora. É sempre livre de escolher de novo, de alargar o âmbito e de seguir em frente, ou seguir "para o lado" para criar mais encontros casuais e trazer novas pessoas para a sua vida. No final é o que faz destes encontros que mais importa.

Como proporcionar encontros casuais:
- Esteja com o estado de espírito certo quando encontra alguém; seja o seu verdadeiro "eu".
- Evite julgamentos ou ideias preconcebidas.
- Seja paciente, dê tempo e espaço aos outros.
- Interesse-se pelos outros pelo o que são e não por aquilo que podem fazer por si.
- Deixe os outros falar, faça perguntas interessadas e dê-lhes espaço para trazerem o que quiserem para a sua vida.
- Veja o que lhes pode oferecer: terá de ser uma troca com dois sentidos.

- Fale a linguagem delas.
- Evite planear jogos.
- Confie.
- Tome o seu tempo.
- Se precisar, escolha um bom momento para perguntar o que quer de forma clara e directa.

Margrit e a Minha História

A minha primeira obra literária foi um livro especializado na arte da equitação. Quando foi publicado pela primeira vez, organizei vários encontros e eventos para o promover nos meios equestres.

Um dia, alguns amigos que tinham negócios relacionados com cavalos pediram-me para partilhar o *stand* com eles numa "feira equestre" longe do local onde vivo. Apesar de estar relutante em ir – e não era só porque pensava que as vendas do *stand* não justificariam o custo –, concordei, pensando: "Bem, nunca se sabe quem eu poderei encontrar." Fui para a feira equina de dois dias com essas palavras. No último dia, saí do nosso *stand* para dar uma vista de olhos nos outros. Um, era de um jornal regional que publicava uma página equestre regular, por isso, parei para falar com a editora. Ela disse que gostaria de fazer alguns artigos sobre mim – sobre o meu livro e outro acerca da minha formação para executivos nas áreas da liderança e da comunicação – sugestão que acolhi com grande entusiasmo.

Mas esse era apenas o início de um dia de encontros casuais, porque a editora virou-se e apresentou-me uma senhora que estava atrás dela e que tinha uma pilha de livros deitados na mesa. Tratava-se de Margrit Coates, largamente conhecida pelo seu trabalho de terapia com animais e pelos seus livros *Hands-on Healing for Pets e Healing for Horses*, cópia dos quais estava assinar. Conversámos, trocámos contactos e livros.

Como resultado deste encontro com Margrit, gerou-se uma incrível cadeia de eventos e de oportunidades capazes de mudar a vida e que se revelaram; e que se continuam a revelar para mim.

Margrit e eu criámos uma parceria, produzimos e gravámos um álbum com música terapêutica que se tornou o disco mais vendido do ano da editora discográfica. Hoje, continuo a produzir música, com a Margrit ou a solo, para a mesma empresa; este facto é ainda mais importante se ficar a saber que tinha passado mais de dez anos a tentar assinar um contrato deste tipo e que não tinha conseguido. Margrit também me apresentou a novos clientes para o meu negócio do *coaching*; mas, o mais emocionante de tudo, foi o facto de ela ser uma peça instrumental na publicação deste livro que está a ler. Tive, ou não, sorte?

Tudo devido a um "encontro planeado casualmente" num cenário desconhecido. Mas, ir para a feira com a ideia: "Nunca se sabe quem é que poderei conhecer", abriu o caminho para o Universo enviar alguém na minha direcção, que acabou por ter uma grande influência e por trazer benefícios nos anos seguintes da minha vida e carreira.

A história do encontro com Margrit Coates é um exemplo óbvio do planeamento de um encontro casual. Claro que os encontros casuais ocorrem normalmente de formas mais subtis e não são sempre precedidos com uma frase do tipo "nunca se sabe quem poderei encontrar", mas exemplifica o que pode acontecer quando definimos as nossas intenções e estamos abertos às possibilidades. Claro que alguns podem defender que o meu encontro foi devido a pura sorte e, se é isso que lhe querem chamar, bem, julgo que têm razão. A minha resposta seria: "Bem, o que poderei fazer para permitir que mais dessa sorte aconteça?"

Coincidências e sincronia

Pense no seguinte:

- Vê a vida como uma sequência de acidentes que lhe acontecem: alguns bons, outros maus e outros ainda indiferentes?
- Pensa em quem entra na sua vida com a mesma probabilidade com que lançamos um dado?
- Considera a teoria do caos caótica?
- Reparou em quantas coincidências acontecem na sua vida?
- Já conheceu alguém e disse: "Como o mundo é pequeno?"
- Reparou que quando começa a reconhecer as coincidências, elas parecem acontecer mais vezes na sua vida?

Sugestões para Comunicar com Sucesso:

1. Vá para um local qualquer longe das suas preocupações habituais: exponha-se um pouco! Se a sua vida social tem uma rotina, mude-a durante uma semana ou duas e veja o que acontece.

2. Faça algo com que tenha sonhado, mas que ainda não tenha tentado. Assegure-se de que é alguma coisa que o porá em contacto com pessoas que não conhece.

3. Pergunte ao seu subconsciente, ou ao Universo, ou a qualquer tipo de poder superior em que acredita, o que você quer que aconteça e depois esqueça!

4. Comece a reparar nas coincidências: quanto mais reparar nelas e se aperceber da sua ocorrência, mais elas começarão a funcionar para si.

5. Seja sempre o seu verdadeiro "eu"; seja a pessoa melhor e mais natural.

Relações com alma

A um nível, somos todos UM. Estamos todos ligados. Fazemos parte do mesmo Universo. Não há separação. Isto poderá ser uma ideia difícil de aceitar porque a sociedade e todos os que nela estão agem com base nos seus interesses pessoais, e é por isso que a ideia da separação se torna natural para nós. A ideia da separação desenvolve-se em nós à medida que crescemos. Em bebés, não estamos conscientes de qualquer separação; fazemos parte do mesmo "todo" que a nossa envolvente e todas as pessoas nela.

Os Comunicadores de Sucesso acreditam que todos estamos ligados e fazemos parte de uma só criação; têm sempre um sentido de ligação e uma abordagem em relação aos outros em que manifestam compreensão e empatia porque se colocam no lugar de cada uma delas.

Todos estamos também ligados a nível físico; simplesmente não nos apercebemos disso. Por exemplo, se um meteorito gigante cai na Terra, quem morrerá? Provavelmente, todos nós! Todos estamos relacionados pela nossa existência no mesmo planeta: partilhamos a mesma "casa", fazemos circular os mesmos recursos, tais como a água, e respiramos todos o mesmo ar. Quando acontece um acidente nuclear a milhares de milhas de distância, todos somos afectados. Até os nossos genes têm as mesmas, poucas, origens. Todos fazemos parte desta vasta criação; todos fazemos parte da humanidade; para além de qualquer comportamento, somos todos um.

> Se tiver a percepção de que todos fazemos parte da mesma "união", de que maneira é que isso poderá alterar a forma como lida com todas, e cada, as pessoas na sua vida?

Dissolver o gap

Para experimentar em pleno as nossas ligações de alma, temos de nos colocar no lugar do outro e a outra pessoa no nosso. Isso significa que não sentimos qualquer lacuna ou espaço entre nós e qualquer outra pessoa; apesar de sentirmos normalmente que existe um "nós" e um "eles".

Uma definição de amor significa identificar os outros como parte de nós próprios e nós próprios como parte deles. Imagine-se a olhar para o pôr-do--sol: em vez de estar "você" a olhar para o pôr-do-sol, você torna-se parte do momento, parte da imagem. Em vez de ser um simples observador, está na fotografia e é parte integrante da cena.

Ser capaz de experimentar a "ligação" entre nós tem um grande potencial no que toca aos encontros com outras pessoas. Se conseguir aperceber-se da ligação sem experimentar uma lacuna entre você e os outros, perceberá que é fácil deixar o julgamento de lado, de forma a compreendê-las mais profundamente e a sentir total compaixão e empatia por elas.

Experimentar a ligação significa que não será tentado a levantar barreiras ou a criar dificuldades que prejudiquem a sua interacção com os outros. Verá que elas se sentirão inexplicavelmente atraídas para si.

Ligar-se com amor

A palavra "amor" tem todo o tipo de interpretações e conotações, mas aquilo de que estamos a falar aqui não é apenas do amor que nos torna românticos, meigos e "bonzinhos". O amor de que falamos está para além de quaisquer expressões humanas, como por exemplo as palavras. É muito poderoso e um estado supremo de consciencialização: nele, estamos totalmente abertos e a salvo.

> Ao eliminar o gap ou a distância que nos separa tornamo-nos realmente no amor.

Este nível de ligação de alma pode existir entre si e qualquer outra pessoa, desde que opte por o reconhecer. Por vezes, as palavras não são suficientes: são os momentos em que tem de comunicar ao nível da alma. Se está a ter uma conversa e descobre que não tem quaisquer coisas em comum com a outra pessoa, mesmo assim pode ligar-se a ela ao nível da alma, dissolvendo, conscientemente, o *gap* que existe entre ambos. Como pode imaginar, isto abre enormes possibilidades em áreas onde a conversação é difícil, em todos os tipos de situações e relações.

Todos o podemos fazer, você, qualquer pessoa... Mas estar consciente de que tentar utilizar a ligação da alma para influenciar o outro em seu próprio benefício, na realidade, não funciona: a lei universal do amor não lhe permitirá controlar os outros desta forma.

Reconhecer as almas gémeas

É um fenómeno estranho o facto de entre o vasto número de pessoas com as quais contactamos na nossa vida, haver apenas algumas com as quais estabelecemos alguma ligação especial; por vezes, até num primeiro encontro.

Na verdade, temos uma ligação de alma com todas, mas é mais fácil para nós reconhecermo-nos reflectidos numas pessoas do que noutras.

Por exemplo, já conheceu alguém com quem se tornou amigo de imediato, parecendo que já se conheciam há muito tempo, com quem tinha muito que conversar e com quem tinha tanta coisa em comum? De que trata? Por vezes, mesmo antes de falar realmente com alguém pela primeira vez, poderá existir uma sensação que já se conheciam antes: essas pessoas parecem-lhe familiares, mesmo que nunca as tenha conhecido antes.

Alguns explicam esta experiência dizendo que se tinham conhecido em vidas passadas. Bem, honestamente, não me consigo lembrar de ter tido uma vida anterior, por isso, não posso fazer quaisquer comentários em relação à reencarnação, etc., porém, o que quer que esteja a acontecer no momento, encontrar uma alma gémea é uma experiência profunda e maravilhosa.

Porque é que as almas gémeas entram na sua vida? Como o sentido de reconhecimento é muito real, devemos aceitar que as razões da sua chegada são muito importantes e reais. Aproveite a oportunidade para passar mais tempo com quem entra na sua vida desta forma. Ao permitir que as situações se desenvolvam gradualmente entre vós, descobrirá quais as recompensas que tem para lhes dar e as recompensas ou mensagens que têm para si.

Comunicar à distância

Alguma vez reparou como é, por vezes, possível comunicar com os outros – sem utilizar tecnologias como o telefone ou a Internet – apesar de estarem a uma grande distância de si?

Muitos de nós, numa sociedade moderna, temos dificuldade em acreditar neste nível de comunicação: afinal, como é que podemos ouvir alguém a comunicar connosco a grandes distâncias? Você também não acredita? E que tal o rádio; acredita?

Há muitos registos de animais e de pessoas, pertencentes, normalmente, a antigas tribos, como as dos aborígenes africanos, que, aparentemente, conseguem comunicar a grande distância com aqueles com quem têm relações próximas. Tal como acontece com tantas das nossas competências inatas e instinto, no mundo ocidental perdemos, em grande parte, o contacto com esta parte. É provável que o tenhamos perdido tal como um músculo perde tonicidade e as ligações neurais a esse músculo adormecem quando não são utilizadas durante um período extenso. Tal como acontece com um músculo ou com uma ligação neural, não é impossível reavivar estas competências, mas requer utilização regular e prática. De acordo com uma citação do I Ching, um oráculo chinês de há três mil anos atrás:

"Sempre que um sentimento é transmitido com verdade e franqueza, sempre que uma acção é a clara expressão de um sentimento, é exercida uma misteriosa e muito abrangente influência. A princípio, actua sobre quem é silenciosamente receptivo. Mas o círculo cresce mais e mais. A raiz de toda a influência reside no ser interior: ao dar expressão verdadeira e vigorosa, por palavras e por acções, o efeito é fantástico..."

Através de abertura e ligação de alma, poderá descobrir que pode comunicar com outra pessoa sem ter de recorrer às palavras, mas através de um "sentido de ser" alinhado. Poderá descobrir, após o acontecimento, que alguém com quem tinha uma ligação de alma estava a falar do mesmo assunto, no mesmo dia, mas a milhas de distância. Ou então, pegar no telefone para telefonar a alguém, mas o telefone tocar e do outro lado ouvir a pessoa a quem ia ligar.

Apesar de estarmos totalmente inconscientes a um nível mental, onde grande parte da nossa atenção está concentrada, poderemos estar a comunicar ao nível da alma. Já que a distância é irrelevante, ao nível da alma, isto poderá acontecer com qualquer outra pessoa noutro local do mundo.

Sugestões para Comunicar com Sucesso:

1. Tome consciência da fabulosa dádiva da ligação de alma que tem com determinada pessoa. Encare-a como uma bênção na sua vida.

2. Deixe a sua mente aberta para a ideia de que está "ligado" a absolutamente todas as pessoas. Na realidade, poderá estar "ligado" para além de quem vê e sente, e a quem o rodeia. Só porque há quem não reconheça o mesmo nível de ligação, ou chegam mesmo a agir de forma estranha consigo, isso não significa que não estejam relacionados a um nível mais profundo. Por vezes, podem agir de forma ainda mais estranha em relação a si porque a sua ligação de alma com elas, faz com que seja seguro "afastarem-se".

3. Comece a reparar quando quem está longe parece estar a pensar no mesmo que você.

Conclusão

As formas como explora as ferramentas de como *Comunicar com Sucesso* são infinitas. Ao explorarmos os 12 poderes, analisámos tudo, desde a consciencialização em relação à nossa própria comunicação física, mental e espiritual, até à forma como interagimos com o Universo e com os outros ao nível da alma.

Deixo-lhe alguns pensamentos finais adicionais – pepitas de ouro – para reflectir e desenvolver:

- Mantenha a comunicação transparente e simples.
- Tente menos e permita que a vida flua.
- Esteja consciente do medo de ser vulnerável: lembre-se de que um bebé recém-nascido atinge o maior grau de vulnerabilidade na raça humana, mas, mesmo assim, tem quem tome conta dele.
- A altura certa é muito importante: se programar cuidadosamente a sua comunicação com alguém, a resposta será muito mais favorável se a altura for apropriada. Tem de ter paciência e sensibilidade em relação à forma como os outros se sentem e onde é que elas estão, para conseguir "acertar na altura certa".
- A flexibilidade é uma competência-chave para se viver com os outros. A vida está num estado constante de fluidez; nada fica igual, incluindo as pessoas. Para ser o melhor que pode e possibilitar aos outros serem o melhor que possam, não assuma que fazer o que resultou em situações anteriores também resultará da próxima vez: é possível que isso não aconteça. "Vá na onda" e seja flexível em todos os momentos. Fazer "A" pode resultar em "B" numa ocasião, mas noutra, resultar em "X"!
- Rumores... não ajudam ninguém!
- Idade: pergunte a qualquer adulto e penso que descobrirá que a maioria das pessoas, especialmente as mais velhas, se sente com dezassete ou vinte anos de idade. É algo interessante a ter em conta quando fala com alguém com 75 anos!
- Esta é a sua vida; não é a de mais ninguém nem do que os outros farão. Oiça as opiniões dos outros mas, no final do dia, opte pelo que sente e saberá o que é melhor para si.
- Continue em frente. Se tentar recuar na vida ou ponderar, durante demasiado tempo sobre o que aconteceu antes, por exemplo como alguém o magoou ou desiludiu, perde o que está a acontecer agora.
- Encoraje-se e aos outros que estejam à sua volta. O encorajamento traz uma explosão positiva de energia.

(220) Comunicar com Sucesso

- Ria-se mais do que seria habitual!
- Lembre-se de que a vida é curta; se possível, esteja em paz com os outros à sua volta sem se comprometer no processo.
- Em qualquer situação em que esteja "preso" ou que não saiba o que fazer, peça, pelo menos, três opiniões e depois escolha uma. Poderá estar numa situação em relação a alguém, na qual não pensa ter alternativas e exteriormente isso poder ser verdade, mas tem sempre opções em relação a como comunicar consigo próprio e como se sente.

Então, quem é um Comunicador de Sucesso? Na verdade, todos temos um pouco de Comunicadores de Sucesso dentro de nós: um comunicador especializado, sensível e qualificado que está normalmente escondido por detrás de uma máscara de condicionalismos e respostas automáticas geradas pelo medo, expectativas sociais e crenças limitativas, ou enterrado sob o peso de ter de lidar com a vida de todos os dias.

O mais maravilhoso é que, quando começa a remover tudo o que não é seu, o Comunicador com Sucesso revela-se e comunica consigo próprio.

À medida que pratica estes métodos e os integra cada vez mais na sua comunicação, relações e vida, começará a descobrir outro segredo: ficará aberto à arte da Comunicação de Sucesso – a dádiva da comunicação – um processo em permanente expansão. Há possibilidades inesgotáveis de a descobrir ao longo do percurso.

Descubra o Comunicador de Sucesso que tem dentro de si e deixe que o dom da comunicação melhore a sua própria vida e a dos outros com quem partilha o mundo.

Glossário

Apropriado. É uma palavra muito útil quando está a falar com alguém sobre uma área ou um comportamento difícil. Ao dizer que sente que algo não é "apropriado", você está a fazer uma afirmação clara de que não é um comportamento correcto, sem parecer que está a acusar ou a culpar a outra pessoa. É difícil para alguém argumentar em relação a uma afirmação do tipo "Não sinto que isso seja apropriado para mim".

Consciencialização, autoconsciencialização e consciencialização dos outros. Isto significa aperceber-se do que se está a passar. Se reparar no que está a acontecer dentro de si, emocional, mental e fisicamente, então é autoconsciente. Se reparar no mesmo, mas noutras pessoas, tem consciencialização em relação aos outros. Se reparar nas coisas do Universo, você corre o risco de lhe chamarem Guru, ou lunático, dependendo dos pontos de vista!

Fronteira: É uma linha desenhada na areia, uma forma de dizer aos outros o que é aceitável para si e o que não é. Não é uma atitude de confronto, mas uma mensagem clara.

Botões (para "pressionar"). Neste contexto, a palavra "botões" não tem nada a ver com fechar a sua camisa; significa dizer ou fazer algo para obter determinada reacção por parte de outra pessoa (normalmente, uma resposta emocional). As pessoas perto de si podem ser especialmente boas a pressionar os seus "botões" e a fazerem com que você reaja como pretendem.

Escolhas. Tal como quando seleccionamos o que queremos de um menu, as escolhas são a forma como decidimos o que queremos que a vida nos traga – uma "refeição" repleta de experiências afectuosas e divertidas ou um "prato de dificuldades indigestas". As escolhas também estão relacionadas com a forma como responde aos "pratos" que lhe são servidos e como se sente em relação a eles.

Compaixão. Consiste num sentimento de empatia e amor em relação a alguém ao nível do coração, com base no sentimento de que, por dentro, somos todos iguais.

Controlo. Significa tentar impor a sua vontade noutra pessoa para direccionar o comportamento delas e limitar as escolhas que são um direito natural de todos. É uma forma de comportamento que provém da falta de confiança no fluir da vida e de sermos conduzidos pelos nossos receios e inseguranças.

Empatia. Ser empático significa compreender, aceitar e identificarmo-nos com os sentimentos dos outros ou com situações. Não é o mesmo que ser simpático; que revela maior tendência para sentirmos pena de alguém, o que não é particularmente fortalecedor para o outro lado.

Energia. Tudo é feito de energia. As religiões orientais dizem-nos isso há milhares de anos; e os cientistas chegaram agora a esse ponto de reflexão e concordaram! Tudo está repleto de energia: uma pedra, o ar, os nossos pensamentos, o amor, o seu corpo tudo contém energia. Ela pode aparecer de forma inerte ou "aparentemente" inactiva, mas, mesmo assim, está presente em grandes quantidades. Pense na quantidade de energia libertada na cisão de um átomo numa bomba atómica; agora, pense na quantidade de energia que tem no seu corpo que é composto por triliões de átomos. O que é que poderia fazer se libertasse essa energia e a canalizasse para fazer o bem.

Fluidez. Descreve o estado natural de tudo; a forma como deve ocorrer, livre, facilmente e sem resistência.

Esperança. É normalmente encarada como uma palavra positiva, por exemplo, "Onde há vida, há esperança". Porém, a "esperança" dá espaço para coisas que não correm bem; normalmente, está relacionada com o exercício de poder sobre alguém ou alguma coisa.

Intenção. Uma intenção é algo que pretende fazer. É mais positivo do que "querer fazer", "gostaria de fazer" ou "esperar fazer". A intenção transmite uma mensagem clara de que está comprometido com a realização de um resultado em particular. Por exemplo, "Tenho intenções de desistir de fumar amanhã" é mais poderoso do que "Quero tentar deixar de fumar amanhã".

Amor. É a força mais poderosa da nossa existência; é o material que liga tudo no Universo. O amor está dentro, fora e envolve tudo, apesar de, na maior parte do tempo, não repararmos, talvez porque também somos feitos dele, mas sobretudo porque estamos demasiado empenhados a pensar e a fazer coisas. Toda a comunicação é uma troca de amor, a um nível ou outro. Quando estamos conscientes do amor, os sentimentos de euforia, felicidade e trepidação que traz são... eufóricos, felizes e trepidantes!

Glossário (223)

Não. Com apenas três palavras, "não" é uma das maiores palavras do nosso vocabulário. Poderá se uma palavra difícil de ouvir da boca de alguém, mas poderá também ser uma palavra difícil de dizer a alguém.

Objectivo. É por isto que está realmente aqui, o que deve fazer da sua vida e onde pode investir melhor as suas intenções e energia. Assim que descobrir o seu verdadeiro objectivo, ficam à sua disposição todos os tipos de recursos internos e energia.

Insistir. Acontece quando alguém tenta utilizar a sua determinação ou peso da personalidade para forçar um resultado. "Insistir" gera, normalmente, resistência, isto é, força em sentido contrário. Não é uma forma eficiente energeticamente de manter relações ou de atingir objectivos.

Não deve. É uma palavra muito utilizada pelos pais, que implica que, se não fizer o que "devia" fazer, será mau ou estará errado. É uma palavra que implica um julgamento moral e que diz que se espera que as suas palavras, actos e acontecimentos na vida sejam de determinada forma o que, geralmente, não são! Por exemplo, eu "deveria" ser bom a fazer isto agora; você "deveria" estar a ganhar mais dinheiro; os vizinhos do andar de cima "não deviam" ser tão barulhentos aos domingos de manhã!

Alma. É a sua energia de vida; a essência de quem realmente é. É infinita, intocável, eterna e divina.

Espaço. É um território livre entre tudo. Está a tornar-se bastante raro na terra, tanto física como mentalmente. Tendemos a preencher todos os espaços livres com pensamentos, palavras, acções ou "confusões". Ter mais espaço, mesmo por um momento, permite ter uma nova perspectiva e a criação de novas oportunidades. Apesar de percepcionarmos o vazio que existe entre os eventos e os objectos, ele está realmente preenchido com energia divina ou com amor, tal como tudo, em todo o lado. Isso significa que o espaço também é uma forma de amor, se o conseguir desvendar.

Gostou deste livro? Oferecemos-lhe a oportunidade de comprar outros dos nossos títulos com 10% de desconto. O envio é gratuito (correio normal) para Portugal Continental e Ilhas.

Título	Preço
Sociedade Pós-Capitalista — Peter F. Drucker	19 € + iva = 19,95 €
Liderança Inteligente — Alan Hooper e John Potter	19 € + iva = 19,95 €
O que é a Gestão — Joan Magretta	19 € + iva = 19,95 €
A Agenda — Michael Hammer	19 € + iva = 19,95 €
O Mundo das Marcas — Vários	20 € + iva = 21,00 €
Vencer — Jack e Suzy Welch	21 € + iva = 22,05 €
Como Enriquecer na Bolsa — Mary Buffett e David Clark com Warren Buffett	14 € + iva = 14,70 €
Vencer (áudio) — Jack e Suzy Welch	15 € + iva = 18,15 €
O Diário de Drucker (versão capa mole) — Peter Drucker com Joseph A. Maciarello	19 € + iva = 19,95 €
O Mundo é Plano — Thomas L. Friedman	20 € + iva = 21,00 €
O Futuro é Hoje — John C. Maxwell	19 € + iva = 19,95 €
Vencedores Natos — Robin Sieger	19 € + iva = 19,95 €
Nunca Almoce Sozinho — Keith Ferrazzi com Tahl Raz	19 € + iva = 19,95 €
Sou Director, e Agora? — Thomas J. Neff e James M. Citrin	19 € + iva = 19,95 €
O Meu Eu e Outros Temas Importantes — Charles Handy	19 € + iva = 19,95 €
Buzzmarketing — Mark Hughes	19 € + iva = 19,95 €
A Revolução da Riqueza — Alvin e Heidi Toffler	21 € + iva = 22,05 €
A Cauda Longa — Chris Anderson	20 € + iva = 21,00 €
Vencer: As Respostas — Jack e Suzy Welch	19 € + iva = 19,95 €
Um Nível Superior de Liderança — Ken Blanchard	19 € + iva = 19,95 €
Know-How — Ram Charan	19 € + iva = 19,95 €
Mavericks no trabalho — William C. Taylor e Polly LaBarre	20 € + iva = 21,00 €

Colecção Espírito de Negócios

Título	Preço
Gestão do Tempo — Polly Bird	18 € + iva = 18,90 €
O Poder do Pensamento Positivo nos Negócios — Scott W. Ventrella	18 € + iva = 18,90 €
A Arte da Liderança Pessoal — Randi B. Noyes	18 € + iva = 18,90 €
Comunicar com Sucesso — Perry Wood	18 € + iva = 18,90 €
Persuasão — Dave Lakhani	18 € + iva = 18,90 €
Como destruir uma empresa em 12 meses... ou antes — Luis Castañeda	18 € + iva = 18,90 €
Ler Depressa — Tina Konstant	18 € + iva = 18,90 €
Como gerir pessoas difíceis — Carrie Mason Draffen	18 € + iva = 18,90 €

Colecção Harvard Business School Press

Título	Preço
Visão Periférica — George S. Day e Paul J.H. Schoemaker	20 € + iva = 21,00 €
Questões de Carácter — Joseph L. Badaracco, Jr.	20 € + iva = 21,00 €
A estratégia Oceano Azul — W. Chan Kim e Renée Mauborgne	20 € + iva = 21,00 €
Síndrome do Macho Alfa — Kate Ludenman e Eddie Erlandson	20 € + iva = 21,00 €

Colecção Jovem Empreendedor

Título	Preço
Por que é que os empreendedores devem comer bananas — Simon Tupman	19 € + iva = 19,95 €

Colecção Conceitos Actuais

Título	Preço
Afinal quem são "eles"? — B.J. Gallagher e Steve Ventura	16 € + iva = 16,80 €
O Tao de Warren Buffett — Mary Buffett e David Clark	12 € + iva = 12,60 €
As leis "não escritas" da gestão — W.J. King (actualização de G. Skakoon)	12 € + iva = 12,60 €

Total	
10% desconto	
Custo Final	

Pode enviar o pagamento por cheque cruzado, ao cuidado de **Conjuntura Actual Editora, L.da** para a seguinte morada:
Caixa Postal 180 | Rua Correia Teles, 28-A | 1350-100 Lisboa | Portugal
Por favor inclua o nome completo, morada e número de contribuinte.

Para mais informações sobre os nossos livros consulte o nosso *site*:
www.actualeditora.com